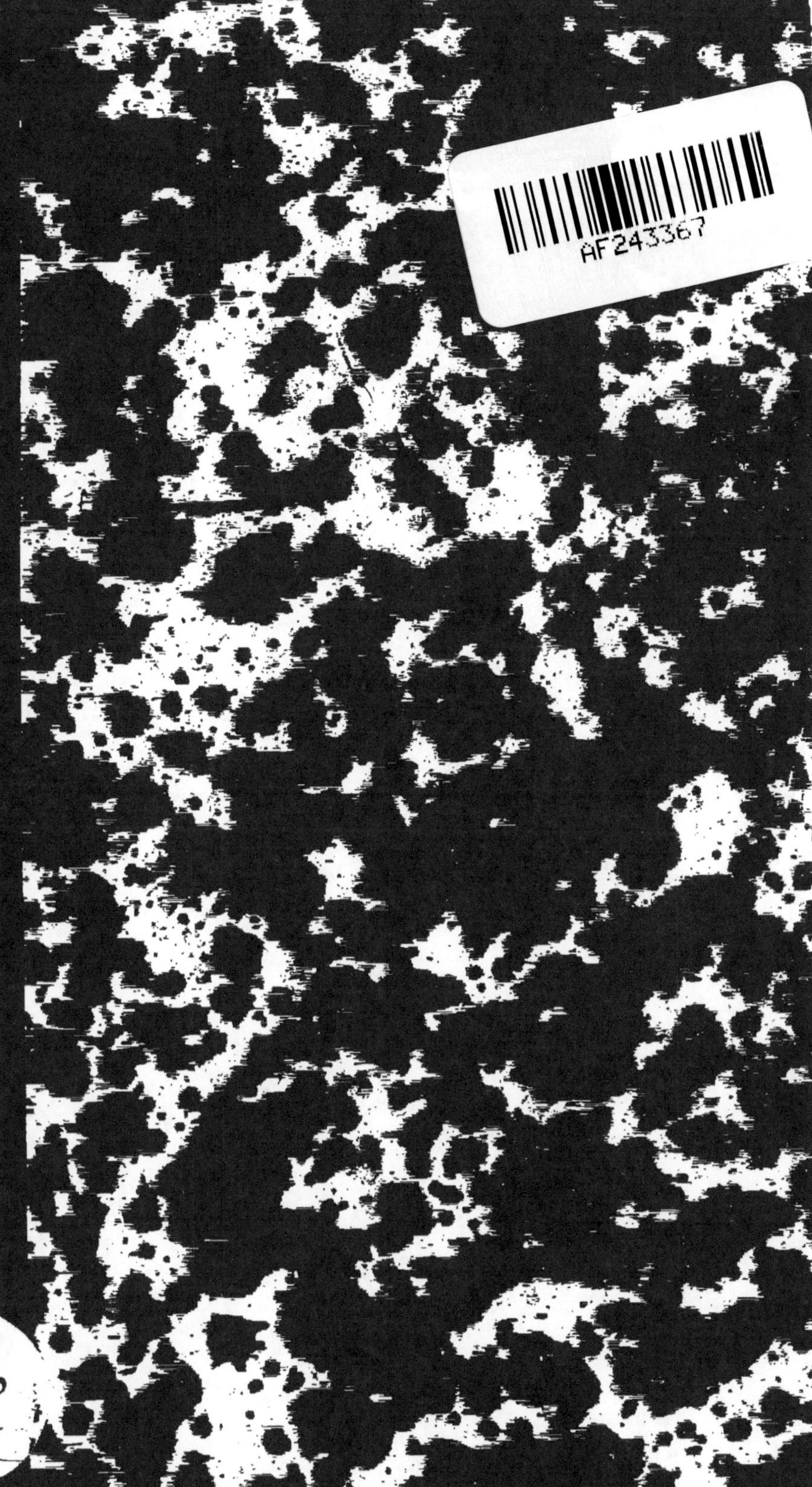
AF243367

LA SIBYLLE

AU TOMBEAU

DE LOUIS XVI.

Je ne reconnaîtrai pour authentiques que les exemplaires qui porteront ma signature, et je poursuivrai les contrefacteurs.

M. A. Le Normand

IMPRIMERIE DE LE NORMANT, RUE DE SEINE.

La Sybille au Tombeau de Louis XVI.

LA SIBYLLE

AU TOMBEAU

DE LOUIS XVI,

ORNÉ D'UNE GRAVURE.

PAR Mlle M. A. LE NORMAND,

Auteur des *Souvenirs prophétiques d'une Sibylle*, etc.

> Que l'œil de la modestie ne se détourne
> point de cet ouvrage! partout j'y ai célébré
> la vertu.

PARIS,

Chez l'Auteur, rue de Tournon, n°. 5, faub. S. Germain.
Et à son Magasin de Librairie,
rué du Petit-Lion-Saint-Sulpice, n°. 1.

1816.

A L'OMBRE

DE LOUIS XVI.

—

Consolez-vous, mânes plaintifs; la France entière est aujourd'hui prosternée dans les temples du Saint des saints.... Des autels expiatoires attestent à l'univers et nos remords et notre douleur profonde. Votre immortel Testament est le plus beau panégyrique que l'on puisse vous offrir, en le récitant dans ces jours de *deuil* universel. Le généreux pardon que vous accordez à vos plus cruels ennemis, vient d'être confirmé par votre digne successeur. C'est pour la seconde fois..... Un Roi clément oublie les offenses, et ne se rappelle que l'amour qu'il doit à ses enfans.... mais la vengeance céleste ne laisse rien d'impuni... Entendez-vous déjà les cris funèbres arrachés par les reproches que les consciences adressent aux plus coupables? Pour eux point de sommeil, nul repos : d'horribles spectres, tenant dans leurs mains hideuses des coupes remplies de votre sang, les forcent à le boire; leurs cheveux se hérissent d'épouvante, ils sentent les furies armées de leurs serpens, descendre dans le fond de leurs cœurs, pour s'en partager les lambeaux. Ils donneroient maintenant leurs vies pour racheter la vôtre, il n'est plus temps..... leur repentir seul peut maintenant expier un si grand crime... Ombre auguste, ombre si généreuse! ne cessez jamais de veiller sur la *France*. Votre peuple vous implore aujourd'hui...... Ah! faites, immortel *Louis*, que nous ne formions tous qu'une famille, et que d'âge en âge votre auguste Maison nous donne des Rois, et gouverne nos neveux!........

Tel est le vœu bien sincère
d'une bonne Française.

LA SIBYLLE

AU TOMBEAU DE LOUIS XVI.

—

> *Ii vivunt, qui ex corporum vinculis,*
> *tanquàm è carcere evolaverunt ; vestra*
> *verò quæ dicitur vita, mors est.*
>
> **Cic.** *Songe de Scipion.*

> Ceux – là vivent réellement qui
> s'échappent comme d'une prison, en
> quittant leurs chaînes corporelles ; car
> ce que vous appelez vivre sur la terre ,
> n'est qu'un véritable état de mort.

Je laisse à des plumes exercées la gloire de
chanter les héros, et de raconter leurs hauts
faits. J'abandonne aux poëtes fameux le
soin de célébrer leurs victoires. Moi, plus
modeste et moins ambitieuse, je vais essayer,
malgré le trouble qui m'agite, de décrire les
vertus touchantes de *Louis*-le-Bienfaisant,
et de rappeler à la France encore étonnée,
la catastrophe d'un Roi descendu du trône

pour monter à l'échafaud , et de là à la gloire.

Quoi ! *Sibylle*, tu trembles? tu craindrais de retracer quelques-unes de ces scènes sanglantes qui se mêlent aux convulsions et aux bouleversemens des empires? Hé bien! laisse ce soin aux historiens : mais essaie du moins de frapper fortement la génération présente, en lui mettant sous les yeux des faits dignes de l'attention du moraliste, qui juge le cœur d'après les actions

Je ferai donc l'esquisse de cette révolution terrible qui, pour le malheur de l'humanité, désola si long-temps l'Europe, et la couvrit de feu et de sang. Je n'en parlerai cependant qu'autant que mon sujet l'exigera.

Nous trouvons je ne sais quel charme à parler de ceux que nous avons pleurés, en nous peignant vivement ce qu'ils étoient ; nous oublions quelquefois qu'ils ne sont plus, et nous croyons les voir reparaître, évoqués par le respect et par l'amitié.

A l'aurore de sa vie, Louis XVI (1)

____

(1) Né à Versailles, le 23 août 1754, il fut nommé Duc de Berry, et devint Dauphin, à la mort de son père, arrivée en 1765.

contemploit l'ordre et le mouvement de l'u-
nivers. Quand il voyait ce faible globe em-
porté dans l'espace infini , retrouver à l'instant marqué l'astre qui lui rend la lumière
et la fécondité, il admirait , il reconnaissait
l'intelligence suprême , et prononçait le nom
de *Dieu* au fond de son âme ; placé sous la
main d'un protecteur et sous le regard d'un
juge , il marchait d'un pas assuré dans la
carrière de la vie.

Quoi de plus sublime et de plus touchant
que l'Evangile (1) dont il faisait son étude
journalière ? Ses divins préceptes étaient devenus, pour le meilleur des princes, la règle
invariable de sa conduite. Je devrais terminer ici en m'inclinant, ce que je me propose de dire du plus vertueux des Rois; mais
il me semble que le tribut de ma plus pieuse
admiration serait trop incomplet.

Ce prince actuel du ciel contemplait-il,

---

(1) Il y a dans les maximes de l'Evangile une noblesse et une élévation où les cœurs vils et rampans
ne sauraient atteindre. La religion , qui fait les grandes
âmes, ne paraît faite que pour elles , et il faut être
grand ou le devenir pour être chrétien.

MASSILLON , *Second Dimanche du Petit-Carême.*

alors qu'il était sur la terre, le vaste tableau que l'Eternel a placé sous nos sens, comme un monument sans cesse expressif de sa toute-puissance, il ne parloit des grandes merveilles de la nature animée, qu'avec cette élévation d'âme qui atteste l'humble admiration de la créature et le pouvoir imposant du créateur. L'image du vrai et du beau ne s'offrait jamais plus sensiblement à sa pensée qu'au milieu des scènes innocentes de la vie patriarcale, où l'homme aimant se plaît tant à rencontrer l'humanité sans altération et sans feinte.

Ses yeux se peignaient de l'azur des cieux, et semblaient aussi exprimer un sentiment.

Son cœur bon et sensible éprouvait le besoin continuel de répandre le bonheur partout où il portait ses pas (1). Les pauvres l'appelaient leur père, et les victimes des grandes infortunes élevaient au ciel leur faible voix pour prier *Dieu* de bénir leur illustre consolateur. Le bonheur de ses peuples

______

(1) Pendant les hivers secs et glacials de 1776 et 1788, on vit Louis XVI répandre de larges aumônes. Il sortait seul, visitait les malheureux, et les soulageait.

était l'objet de sa plus vive ambition et de ses efforts généreux (1). Il excellait surtout dans la juste répartition des récompenses dues au mérite, et du pardon que l'égarement pouvait invoquer.

La bienfaisance, ce plus beau sentiment de l'homme vertueux, qui met le sage au-dessus du conquérant, et qui porte avec soi sa récompense ; la bienfaisance était le premier besoin du cœur de Louis XVI. En se croyant digne de faire des actes de vertu, il n'en devint que plus vertueux, et il disait souvent, comme *César :* que rien ne le flattait davantage que les prières et les demandes ; et que ce n'était qu'alors qu'il se trouvait véritablement grand (2).

––––––––––

(1) Il marqua son avènement à la couronne par des actes de bienfaisance. Il remit son droit de joyeux avènement, abolit la question préparatoire et le servage dans ses domaines.

(2) Zoroastre a osé dire dans le Sadder :

« O hommes ! sachez oublier les injures ; souffrez que le flambeau des sciences vous éclaire, portez avec hardiesse la vérité jusqu'au trône des souverains. Il y a encore des contrées où de tels principes seraient odieux au gouvernement. »

Mais l'auguste frère de Louis XVI est sur le trône.

Le Roi connoissait peu le monde ; il n'avait reçu de ses augustes parens que des exemples d'actions nobles et généreuses ; il était né vertueux, et tout lui semblait bon sur la terre. Il appartenait au malheur de lui donner une autre leçon ; la perfidie et la dureté des hommes lui ôtèrent à la fois fortune, amis, parens : il ne lui resta plus rien........ C'est alors seulement qu'il connut ce monde qu'il avait cru parfait.

Voyez ces jeunes espaliers, plantés à peu de distance l'un de l'autre : ils se rapprochent dès qu'ils s'élèvent de terre, ils croisent leurs branches, unissent leurs fleurs, s'entrelacent chaque jour davantage ; ils pompent ensemble la rosée et les rayons d'un jour salutaire. On ne peut couper les rameaux de l'un, sans blesser ceux de l'autre ; on ne peut respirer leurs parfums confondus, sans faire leur commun éloge. Ils sont l'image fidèle de l'auguste Famille qui nous cause tant de regrets....... Louis XVI adorait sa compagne (1) ; et la Reine, tendre mère, femme

____

(1) Le 19 décembre 1778, la Reine accoucha de Madame première. Louis, flatté d'être père, en sautait d'allégresse, embrassait et la mère et l'enfant. Dans

courageuse; n'a pu, comme *Arthémise*, pleurer sur les cendres du plus vertueux des *Rois* et du meilleur des époux.

Marie-Antoinette avait vu, elle avait partagé la gloire et les succès d'un beau règne; elle en vit les revers et les fautes, elle en partagea courageusement les amertumes.

Ah ! que n'est-il possible d'effacer ces tristes jours de notre histoire, et de les dérober à la connaissance de nos neveux ! Mais puisqu'il n'est pas donné de faire oublier les cruels événemens dont malheureusement l'univers a recueilli le souvenir, tâchons, du moins, d'imiter, dans ce qui nous reste à tracer, le peintre discret qui, pour cacher la difformité du visage, inventa l'art du profil; dérobons à la vue le point de lumière qui éclaira ces scènes tumultueuses et inatten-

----

l'enthousiasme de sa joie, il prend l'enfant précieux entre ses bras, le porte sur le balcon, et le montre à son peuple. « Cette Princesse vous appartient, leur dit-il. »

. . . .

Il me semble voir le bon Henri porter ses enfans sur son dos, et dire à un ambassadeur : « Monsieur, n'avez-vous pas des enfans ? Il faut bien les amuser. »

dues qui, formées comme la foudre dans les flancs caverneux des nuages révolutionnaires, ne permirent pas toujours aux mieux intentionnés de distinguer le vrai chemin d'avec la fausse route où ils se sont si involontairement précipités.

L'*Angleterre* donna, il y a plus d'un siècle, à l'univers étonné, le spectacle affreux d'un Roi jugé et mis à mort par des sujets rebelles (1). Cet horrible exemple a pu trouver des imitateurs !!!!!!!! Ah ! n'imputons point à notre nation un crime odieux qu'elle désavoue et qu'elle expie journellement par ses larmes. Tremblons à la vue des excès auxquels se porte l'ambition, lorsqu'elle est secondée soit par le fanatisme et la superstition, soit par le prétexte toujours faux et trompeur de procurer au peuple la liberté et le bonheur.

----

(1) On traduisit trois fois le monarque devant cette Cour illégale, et il refusa autant de fois d'en reconnaître la juridiction. Enfin, le 10 février 1649, sa tête fut tranchée d'un seul coup dans la place de Witchall. Un homme masqué fit l'office d'exécuteur, et le corps fut déposé dans la chapelle de Windsor.

M. DE JAUCOURT.

Ah ! quand l'ambition n'est pas la plus noble des passions, elle en devient la plus criminelle. Devoir ! honneur ! patrie ! y aurait-il donc de la gloire sans vous ? Les verrons-nous subsister encore ces principes meurtriers, qui, plus d'une fois de nos jours...... (1) Je m'arrête. Les anciens défendaient de prononcer des paroles sinistres dans certains jours remarquables...... Sous un monarque (2) qui ne chérit et n'appelle que la

---

(1) Ah ! laissons agir le temps ; la cruelle vérité s'est échappée de ma plume.... Vivrais-je en ce moment, si une secrète espérance ne restait pas au fond de mon cœur ?

(2) On ne peut mieux appliquer qu'à *Louis-le-Désiré*, les vers suivans :

Je ne vis, ô Français ! que pour vous rendre heureux ;
C'est le but de mes soins, l'objet de tous mes vœux :
Oui, j'aime avec transport ce bon peuple qui m'aime ;
Vous, à qui j'ai fait part de mon pouvoir suprême,
Et qui voyez de près, en tous lieux répandus,
Ses plaisirs, ses chagrins, la justice et l'abus ;
Si de la vérité vous parlez le langage,
Son bonheur deviendra notre commun ouvrage.
Hélas ! mon cœur suffit à mon amour pour eux,
Et je ne puis suffire à voir tout par mes yeux.
Ne me déguisez rien, éclairez ma tendresse ;
Plaidez pour mes enfans, c'est moi qui vous en presse.

vertu, qui osera compter sur le succès de la corruption, et sur l'impunité du crime ?

Si les peuples ne prononcent pas le nom de *Roi* sans être frappés de respect, le sage ne peut contempler les devoirs des princes sans en être effrayé. Quand cette grande pensée a saisi l'âme du Monarque, elle le remplit et l'agite long-temps ; l'humanité entière paraît devant lui ; le bonheur que les peuples méritent en échange des droits qu'ils ont abandonnés, est toujours présent à son esprit : ils se sont tous soumis à lui, il s'est donné tout entier à eux ; et s'il a bien connu (*dit un grand politique*) cette espèce d'échange, c'est sans doute de son côté qu'est le plus grand fardeau ; c'est à lui que s'adressent toutes les plaintes publiques et secrètes. L'honneur de ce qui s'est fait de glorieux sous ses ordres lui appartient, mais le blâme du mal qu'il n'a pu empêcher retombe sur lui ; aucune de ses actions, de ses paroles, n'est indifférente ; il ne peut être injuste sans être parjure, car il a promis la justice ; et s'il lui arrive, comme à tous les hommes, de se tromper, son erreur s'étend et se prolonge dans les siècles........

La duplicité, qui sait si bien feindre le zèle et le dévouement, fit voir à Louis XVI la nécessité de convoquer l'assemblée des notables (1) : ce prince, trop confiant, ne rêvait que le bonheur de ses peuples (il savait que le mal que peuvent faire les Rois est toujours moindre que celui qu'on peut faire en leur nom); aussi, à l'exemple de *ce diable à quatre*, d'honorable mémoire, il voulait une répartition égale et relative dans les charges publiques ;........ que le commerce, et surtout l'agriculture, fussent dégagés de toutes entraves ;....... il voulait, dis-je, que l'artisan et

---

(1) Le Roi convoqua les notables de son royaume pour recueillir leurs avis sur la situation affligeante des finances, et pour y remédier. Les notables n'apportèrent néanmoins aucun remède au corps politique ; ils s'occupèrent de leur intérêt personnel, et oublièrent celui de la nation.

Le 4 mai 1789, se fait à Versailles l'ouverture des Etats – Généraux ; jamais procession, de mémoire d'homme, ne fut plus majestueuse et plus imposante ; mais à peine les députés du tiers-état voulurent-ils procéder en communauté à leurs opérations, que les députés de la noblesse et du clergé s'y opposèrent, et prétendirent former des chambres différentes, et opiner par ordre, et non par tête.

2

le laboureur pussent, sous son règne, voir
réaliser les souhaits de son auguste chef.......
Heureux songe ! réveil affreux !......... Les
factieux, pour l'amener par gradation à sanc-
tionner leurs décrets liberticides, lui faisaient voir journellement le royaume en
péril, et la trahison prête à éclater de toutes
parts.

Dans les temps de révolution, il faut souvent se taire sur les crimes et les injustices
des oppresseurs qui se sont emparés du pouvoir; comme ils ne règnent qu'en trompant
le peuple, ils ne pardonnent point à ceux
qui veulent l'éclairer....

Cependant, le danger augmentait de jour
en jour; le calme qui environnait Louis ressemblait au silence de la mort.

Et quel sera, grand Dieu! l'avenir de cet
infortuné monarque, que la violence opprime
à force ouverte, ou que la perfidie condamne
sous le voile de la justice? S'il n'était point de
suprême puissance qui le dérobât aux fureurs
de l'homme, la philosophie moderne, qui
proclame et conseille les abus en proscrivant
les préjugés les plus utiles, mènerait donc
au bonheur plutôt que celle qui nous met sur

la voie des jouissances insensées, et *Néron*, qui embrase sa patrie, serait donc plus sage que *Codrus* qui expire pour elle!

Les journées sanglantes des 5 et 6 octobre détrompèrent *Louis*, et l'avertirent du danger de sa sécurité. Depuis long-temps le crime veillait, et le monarque était peut-être le seul qui, rassuré par le calme de sa conscience, jugeait les hommes d'après lui-même.....

C'est ainsi que la fortune couronna l'audace du plus grand succès, et que les projets les mieux combinés, dans lesquels on croyait avoir calculé tous les événemens et prévu tous les obstacles, vinrent échouer contre les efforts de la perfidie.

L'auguste Famille fut traînée à *Paris*, sous les yeux même de cette assemblée nationale, qui a osé ensuite reprocher aux deux qui l'ont suivie, les crimes qui se sont commis sous leur règne (1). Le trajet fut de sept mortelles heures; la Famille Royale, abreu-

______

(1) O hommes! à qui la nature avait donné cette grande et extraordinaire imagination, vous naquîtes pour marcher entre les applaudissemens de la terre et

vée d'humiliation par la plus vile populace ; fut reçue à la barrière par Bailly, qui félicita le monarque de ce qu'il voulait bien se fixer au milieu de son peuple.... ; ironie sanglante !!!

Son voyage à Varennes fut regardé comme une émigration....., et le malheureux prince, qui déjà prévoyait à quel excès d'audace se porteraient de coupables sujets, voulait empêcher le plus grand des crimes.... C'était *David* fuyant devant *Absalon*. On voit en lui un *Roi* abandonné, un père malheureux ; ce n'est point la foudre du ciel irrité qu'il sollicite, c'est dans le Roi des Rois qu'il met toute sa confiance ! Il prie pour des fils ingrats ! Cet acte d'amour paternel est au-dessus du sublime : il suffit à l'immortalité de Louis XVI..... ; mais il étoit écrit, dans le livre des destinées du monde, que le plus odieux des forfaits seroit enfin consommé !!!!!

Chaque jour venait augmenter les douleurs du meilleur des princes ; des agens sti-

---

l'ignominie ; pour conduire les peuples au bonheur ou au malheur, et laisser après vous le transport de la louange ou de l'exécration.

pendiés et lancés tumultuairement par les factieux se répandaient dans les rues, dans les places pnbliques, sous les fenêtres du château, et faisaient retentir à ses oreilles ce cri funèbre : *la guerre ! la guerre !*

« Je suis épouvanté de leur fureur, disait » *Louis* ; les insensés ! ils veulent la guerre ! » Ah ! si jamais le signal en était donné, elle » serait longue et cruelle. O *Dieu !* préservez » la France de ce fléau ! que ces hurlemens » ne soient point entendus ! S'il me faut des- » cendre du *trône*, abandonner ce que j'ai » de plus cher au monde, me voilà prêt ; » mais point de guerre ! point de guerre !.... »

Quel courage ! quelle fermeté ! quelle noble et touchante résignation à la fameuse époque du 20 juin ! D'un côté un Monarque assiégé dans son propre palais ; de l'autre, une multitude égarée par la fureur, et portant l'étendard de la révolte : elle ose proposer à son maître de se revêtir des emblèmes de la faction ! De nouveaux *Marcels* (1) placèrent

____

(1) Le perfide Marcel, à la tête des séditieux, entra dans la chambre du Dauphin (depuis Charles V), fit massacrer sous ses yeux les seigneurs de Conflans et de Clermont. Le malheureux prince s'abaissa à demander

sur le chef du petit-fils de *Henri* le chaperon
de la révolte et du déshonneur !!!

« Ecoutez-moi, dit Louis XVI à cette mul-
» titude agitée : j'oppose aux clameurs de
» votre malveillance cette fermeté qui doit
» déconcerter vos projets liberticides..... Le
» Français aimait ses Rois; qu'ai-je donc fait
» pour être haï, moi, qui les ai toujours por-
» tés dans mon cœur?.... La Reine, ainsi que
» ma Famille, vous montre ici une rési-
» gnation héroïque; nous sommes résignés
» depuis long-temps à croire tout possible.
» Notre sort est trop au-dessous de l'envie
» pour que le crime achève ce qu'il a com-
» mencé. Ah! regardez-moi bien, dit-il à ses
» bourreaux : que vous dit la sérénité de mon
» front, le calme de mon regard? N'y voyez-
» vous pas la preuve de mon innocence, et
» le sceau de votre criminelle et audacieuse
» rébellion? » Ainsi parle *Louis*.

L'aurore qui précède le 9 août présage de
mortelles alarmes; le Roi consolait sa Famille,

---

la vie au prévôt, qui lui donna son chaperon ou capuce
rouge et vert, signal de la faction, et prit celui du
régent.

et rassurait ceux qui tremblaient pour ses jours ;
cependant la terreur est bientôt portée au plus
haut degré , elle devient générale..... Le vertueux Monarque , par un mouvement spontané, s'écrie, comme l'intrépide *Mathieu Molé :*
« Il y a encore loin du glaive du scélérat au
» cœur de l'honnête homme..... Ah! s'il faut
» une victime pour sauver les Français, je
» m'offre en holocauste.... Mais, grand Dieu,
» épargnez ma Famille........ , surtout mon
» peuple....., car leur perte me semble iné-
» vitable..... »

Déjà la nuit a déposé son sceptre; il semble
qu'elle marche lentement, et qu'elle ne fait
place qu'à regret au soleil du matin ; l'astre
du jour ne darde plus que des rayons obliques
et entrecoupés à travers les brouillards tendus
comme un voile autour de l'hémisphère. Cependant, on entend de toutes parts les cris
d'une tourbe confuse et furieuse : où vont
ces malheureux ? où courent ces insensés ?
Quoi! ils oseront, dans leur rage criminelle,
profaner de nouveau le palais de leurs *Rois*,
l'asile où repose l'innocence? Oh! quel horrible spectacle n'offrent pas ces nouveaux

Catilina (1), ces fils audacieux de la révolte?
Ils osent vociférer des injures contre le meilleur des Rois, le plus tendre des pères! Ces
vautours ravissans contemplent déjà leur
victime, et la dévorent de leurs regards
ensanglantés! Quelques nobles citadins les
arrêtent, les compriment un moment....; mais,
hélas! ils vont être eux-mêmes dévorés par
des antropophages...... Des vampires, altérés
de sang, leur porteront bientôt des coups

---

(1) « Jusques à quand abuserez-vous, Catilina,
» de notre patience? Combien de temps encore se-
» rons-nous les jouets de cette fureur qui vous agite?
» Quel terme auront les emportemens de votre audace
» effrénée? Quoi! ni la garde qui se fait de nuit sur
» le mont Palatin, ni le choix de ce lieu fortifié pour
» assembler le sénat, ni les regards et la contenance de
» ceux qui sont ici, rien de tout cela ne vous a fait
» impression? Vous ne sentez pas que vos desseins
» sont découverts! Vous ne voyez pas que votre conju-
» ration est enchaînée par la connaissance même qu'en
» ont tous les sénateurs? Ce que vous avez fait la nuit
« dernière, ce que vous fûtes, ceux que vous y appe-
» lâtes, les résolutions que vous y prîtes, de qui de
» nous pensez-vous que tout cela soit ignoré?......... »

CICÉRON.

mortels, et les attacheront comme un trophée aux portes du château royal.

En vain le *Roi* avait passé la revue de ses troupes, en vain il avait rappelé aux plus audacieux leurs devoirs et leurs sermens; la garde nationale, restée fidèle, se faisait aisément remarquer par son attitude imposante et silencieuse........ Quelques cris de *Vive le Roi !* se firent encore entendre; en un moment toutes ces troupes rassemblées pouvaient choisir entre l'honneur et l'opprobre, entre la vie ou la mort, se couvrir de gloire ou d'infamie..... ; un instant va tout décider.....

Déjà Louis se précipite.... Ses pas sont arrêtés tout à coup par les cris perçans de la Reine qui court, vole, se jete à ses genoux, le conjure, au nom de ses enfans qu'elle tient entre ses bras, de leur ménager les jours d'un père adoré, d'un époux chéri. Le prince essaie inutilement de se dérober à cette scène déchirante; la mère aux abois, les enfans tout en larmes se confondent et pressent les pieds de Louis. La foule, incertaine, entoure ce tableau de douleur, et enchaîne les efforts du courageux prince.... Des voix confuses lui crient que le sang des Français est prêt à

couler : « Arrêtez, leur dit Louis ; je suis
» trop avare du sang des Français : que le
» mien vous suffise. »

Ah ! c'est en vain, trop malheureux Roi,
que tu veux épargner le sang de tes sujets ; il
va bientôt jaillir par torrens (1).

Le Monarque se rend au sein de l'assemblée, se présente avec calme, et comprime
en lui-même sa trop juste indignation. Tout
était morne, jusqu'au silence..... Un frémis-
sement involontaire saisit les âmes des
plus coupables mandataires........ « *Messieurs,*
» leur dit le Roi, *je viens ici pour empêcher*
» *un grand crime !* La révolution doit ce-
» pendant avoir un terme..... La mort et la
» destruction ne doivent pas rester ses éter-
» nelles compagnes.... Fut-il jamais, pour
» aucun peuple de la terre, une plus belle
» époque d'organisation sociale ?..... Votre
» père est au milieu de vous, il se confie de
» nouveau à votre foi..... Votre maître est
» encore prêt à pardonner ce nouveau crime...

____

(1) Non, la race des Bourbons est bien éloignée
d'être cruelle.... Ils peuvent se laisser surprendre : c'est
le sort de presque tous les princes ; mais il est dans
leur sang d'être doux et modérés.   STERNE.

» Des mains mercenaires s'arment aujour-
» d'hui contre moi : dans peu de jours
» Messieurs, elles s'armeront contre vous, —
» contre vos femmes et vos enfans.... »

Cependant on s'égorgeait au Carrousel ;
les troupes en étaient aux mains ; le château
était rempli de mourans et de blessés.... Assassins, s'écriaient les uns, ce sont des aris-
tocrates, des chevaliers du poignard , s'é-
criaient les autres.....On eût dit qu'on n'avait
d'autre désir que de s'entretuer. Les appar-
temens, les vestibules, les escaliers étaient
jonchés de cadavres; le sang ruisselait de
toutes parts. Non, jamais on n'avait vu une
pareille destruction : tant l'animosité qui ré-
gnait entre les partis rendit cette journée
meurtrière !

Un forcené, tenant encore son sabre teint
du sang des fidèles et valeureux Suisses ;
osait, dans sa rage frénétique, élever un
regard vers le ciel : « *Dieu*, dit cet énergu-
» mène, a permis que mon nom, qui de-
» vrait être livré à l'infamie pour une telle
» action, soit aujourd'hui même consigné
» dans les annales de la postérité avec hon-
» neur.... grâce à cette immortelle journée!... »

Louis est au pouvoir de ses ennemis les plus cruels ; ils décrètent en sa présence l'abolition de la royauté... ; et ces perfides mandataires lui désignent le Temple pour prison , et ne lui laissent désormais que l'échafaud pour perspective....

Voilà donc cette auguste Famille renfermée dans la tour antique de ce vieux monument.... La Reine y était poursuivie par des pressentimens funestes : « Je ne me repais que d'i-» mages lugubres, disait-elle à la vertueuse » *Elisabeth ;* toutes mes sensations sont dou-» loureuses ; mon esprit n'enfante que des » idées sinistres et cruelles. » Le *Roi* cherchait à se faire illusion à lui-même ; tout lui disait que la grandeur de l'homme ne devait pas se montrer à la petitesse de ce globe ; la vie est pour la moitié du genre humain une nuit orageuse, et pour l'autre elle n'est qu'un instant de sommeil. « Il est donc nécessaire, » pour le bonheur de l'humanité entière, » disait Louis, que cette vie ne soit que l'au-» rore d'un jour éternel ! »

L'ange destructeur planait sur la France. *Dieu*, dans sa colère, avait abandonné son peuple : aussi les méchans triomphèrent-ils.

L'organisation d'un massacre affreux couvrit de *deuil* l'ancienne Gaule : Paris, en un moment, devient une arène de *gladiateurs* ; le sang coule de toutes parts.... Les prisons sont assiégées par d'infâmes *cannibales*. Une princesse, jeune et belle, est déchirée par ses bourreaux ; son cœur, palpitant, dévoré par des furies, et sa tête, où respirait encore la douce sérénité, portée en triomphe sous les yeux de Louis..... Arrêtez, victimes infortunées ; ah ! gardez-vous de jeter les yeux sur ce tableau..... Ces monstres, à face humaine, voudraient vous immoler à l'instant même. Sans la présence d'esprit et la sensibilité d'un commissaire, cette Famille *auguste* allait contempler et reconnaître des traits qui leur furent si chers..., Ah ! pleurons, pleurons, car nous sommes les plus malheureux peuples du monde. Des Français souffrir un pareil attentat, sans avoir la force ni le courage de le réprimer ! demeurer spectateurs muets et dociles ! ne pas oser élever la voix contre un pareil homicide ! Que dis-je ? le laisser impuni ! Non, nos neveux ne pourront croire à tant de barbarie et de lâcheté.......

Le *Roi* communiquait encore avec sa Fa-

mille; mais, par un raffinement de cruauté
bien digne de ces temps désastreux, il se vit
tout à coup privé de ses embrassemens. La
défiance, mère du soupçon, inspira à cette
horde qui l'obsédait sans cesse, l'idée de le
séparer de ses affections les plus chères. C'est
alors que cet ange de la terre redevient
homme un moment : sa fermeté naturelle fut
cependant loin de l'abandonner; mais, aux
noms si chers d'*Antoinette*, de *Louis-Charles*,
de *Marie-Charlotte*, le modèle des pères, le
plus sensible des époux, ne peut retenir ses
larmes.....

Néanmoins le malheureux prince trouvait
dans son esprit, dans ses connaissances his-
toriques, des situations qui lui faisaient supporter plus facilement la sienne. O étude !
que tu es secourable ! L'être que tu favorises
de tes dons trouve dans ton sein, pendant sa
vie entière, le remède à tous ses maux; la
paix de l'âme fortifiait encore la sécurité de
Louis.

Au milieu de tant d'horreurs, et sous
d'aussi terribles auspices, la convention dé-
crète, aux yeux de l'Europe étonnée, qu'elle
allait s'occuper du procès de Louis. Un peuple

égaré et furieux ne s'arrête jamais dans ses excès. Le *Roi* connaissait ses ennemis, et ne se dissimulait plus sa situation...... Il savait qu'un prince détrôné ne doit plus attendre que la mort.... « Je subirai, disait-il, le sort » de Charles Ier, et mon sang coulera pour » me punir de n'en avoir jamais versé..... »

Cependant ces législateurs - félons s'arrogent les fonctions de juges suprêmes, et, dans leur criminelle audace, ils osent plus encore : — ils condamnent leur *Roi* au nom de la nation dont ils se déclarent les mandataires. Certes, la nation était loin de leur avoir délégué de tels pouvoirs.... Aussi la consternation fut-elle générale dans tous les départemens : chacun aimait, chacun respectait Louis XVI. On se rappelait ses bienfaits, et l'on plaignait ses infortunes.... Mais de toutes parts on invoquait la vengeance la plus éclatante contre ces barbares meurtriers.

La capitale donna dans ces jours malheureux un grand exemple...... L'œil le plus observateur pouvait donner la conviction que la plupart des habitans de *Paris* étaient étrangers aux perfides menées de tous ces novateurs impies. Chacun se regardait en

silence, et se contentait de gémir ; la populace seule accompagnait Louis XVI lorsqu'il
se rendit à la barre de cette assemblée illégale. Ce malheureux prince n'ignorait point
qu'il retournait vers l'ennemi le plus acharné
et le plus impatient de le vouer au supplice
qui n'est réservé qu'aux plus grands crimi-
nels.

Dans ces pénibles instans d'un deuil aussi
général , personne n'osait laisser soupçonner sa pensée. Les vœux les plus ardens pour
le salut de Louis XVI restaient muets au
fond des consciences épouvantées.

Les tyrans , que le silence de la stupeur
semble encourager, ne connaissent plus de
bornes à leur criminelle audace ! La rébellion est déclarée; ils sont maîtres du pouvoir, et décident entr'eux du sort de l'infortuné. Ah ! malheur à l'innocent sur qui ce
pouvoir satanique va s'exercer désormais!
La politique , à l'œil morne , est en défiance,
et les conjurés se contemplent; la partie
saine et juste de l'assemblée , c'est-à-dire le
plus infiniment petit nombre , veut sauver
le *Roi :* les ennemis du trône s'agitent en
tous sens pour jeter la terreur dans les es-

prits. Les députés faibles se laissent surprendre ; les uns sont comprimés par la
crainte , les autres ne consultent que leur
haine personnelle. C'est alors que le schisme
le plus scandaleux éclate de toutes parts.
Les uns votent pour la mort; ceux-ci ré-
clament un sursis à son exécution; quelques
voix veulent en appeler au *peuple souverain* ; mais comment servir le vrai *Dieu*,
en offrant un encens illicite à *Baal ?* Comment déclarer *Louis* coupable, et vouloir
ensuite soumettre le jugement à la sanction
du peuple ? — Ah ! certes, si ce problème
eût été donné à résoudre à l'immense majorité des Français , il en est peu qui
n'eussent proclamé hautement l'innocence
du Roi persécuté, et la punition immédiate
de ses féroces assassins.........

Le Juste est donc condamné à une plu-
ralité très-équivoque de cinq voix !!! Pour
un coupable ordinaire , la justice régulière
aurait été fort indécise.... mais pour un père,
que dis-je ? pour un monarque qui possé-
dait toutes les vertus , elle n'eût aperçu de
coupables que dans les opinans pour la mort.

Comme homme privé, *Louis* n'eut pas

un défaut ; comme *Roi* , il fut peut-être trop bienfaisant.... Le ciel , dans sa sagesse , destina le DUC DE BERRY pour gouverner la France ; mais *Dieu* , dans sa colère, a voulu lui-même renverser l'édifice qu'il s'était plu à créer.......

Leçon terrible pour les peuples! aussi, depuis cette fatale époque, *l'ange* de la mort n'a-t-il cessé de planer sur la France !!!

La résignation du pieux monarque , dans ses derniers momens , est au‑dessus de toute admiration. Ses plus cruels bourreaux s'écrièrent même : Louis XVI nous ferait chérir la vertu! Les remords sont quelquefois utiles : ils disposent le méchant au repentir ; mais les farouches geôliers de Louis l'accablaient chaque jour du poids de leur nouvelle pnissance. — *Hébert*, l'odieux *Hébert* ne put retenir ses larmes, en voyant avec quelle fermeté héroïque la victime écoutait un jugement non moins inique que scandaleux. Le *Roi* ne proteste point, comme *Charles* Ier , contre son illégalité. Il en appelle seulement au Maître souverain qui nous doit juger tous. — Il se borne à demander trois jours pour se préparer à paraître de-

vant son Créateur ; — la froide et barbare
rigueur les lui refuse...

Il se recueille intérieurement , n'ayant
plus rien à espérer des hommes. La religion
seule lui prête son appui : le propre du vrai
chrétien est de sentir ses divines inspirations,
et de savoir en même temps y puiser des
consolations contre l'injustice des méchans.
— « La vraie grandeur, disait *Louis* , est d'a-
» voir en même temps la faiblesse de l'homme
» et la force de *Dieu.* »

Bientôt il demande un confesseur, non que
'éternité l'effraie ; la vie n'est pour l'homme
vertueux que le passage qui y conduit : il y
entrevoit déjà une renaissance nouvelle et
inaltérable. Là il peut défier les traîtres , les
parjures : leurs atroces vociférations ne
peuvent plus l'atteindre. Il est au sein de
l'éternel repos...... « Mais ici bas , dit-il , la
punition du méchant n'est souvent différée
que pour devenir plus terrible..... » Un instant
après il s'écrie : — « O Providence sage et
bienfaisante ! Providence ! Non , je ne pro-
fanerai point l'air de mes plaintes : le coup
s'apesantira sur ma tête ; — mais puisse-t-il
épargner mon peuple !.. » Il finissait à peine

3.

ces dernières paroles lorsque le prêtre arriva. La cérémonie du sacrement qu'il invoquait eut quelque chose d'auguste et d'édifiant. A la voix du ministre sacré qui venait d'entendre l'aveu des faiblesses de l'infortuné *monarque*, et qui s'était joint à lui pour implorer la miséricorde divine, il semble que les portes du ciel s'ouvrent déjà pour le recevoir; son visage calme montre l'expression de la plus douce résignation; il cherche à consoler sa famille, et s'attendrit en voyant pour la dernière fois la Reine et ses enfans : néanmoins il cherche à rappeler son courage pour s'élancer dans la vie éternelle.

La résignation fortifie l'espoir consolateur d'une autre vie. « Voilà, fils de saint Louis, » lui dit son confesseur, en élevant les mains » au ciel, ce qui peut faire le vrai bonheur » sur cette terre fragile et périssable ; il ne » vous est plus permis de vous abandonner » à aucun sentiment de plaisir et de conso- » lation. Qu'est-ce que l'existence terrestre ? » Un deuil continuel, un lit d'agonie, où le » bruit perçant de cette cloche funèbre, sans » cesse agitée par la main du trépas, vient » avertir l'homme de son heure dernière.—

» Des pleurs, des soupirs, voilà le partage
» de la triste humanité. » Et ce digne prêtre
laisse échapper quelques larmes !......

Cependant, le plus auguste des mystères
commence. *Louis* y apporte la plus touchante piété. Il s'identifie, pour ainsi dire,
avec son Créateur. Ce modèle des Rois, le
plus vertueux d'entre les hommes, est au
moment d'être immolé. De trop coupables
régicides préparent, dans le silence, l'échafaud d'où leur maître doit s'élancer ce jour
même dans le sein de l'immortalité.

Durant la journée du 21 janvier 1793, la
nature semblait enveloppée d'un voile sépul-
cral, et fuyait l'éclat du jour. Sa sombre clarté
offusquait jusqu'à la vue. La capitale surtout
ressemblait à une solitude affreuse ; tout y
était dans l'abattement et la stupéfaction,
hormis le lieu où une scène de désolation et
d'abomination allait se passer......... Voyez
Babylone pleurant déjà sur sa future destruction.......... Cette moderne *Ninive* doit
craindre, plus que jamais, d'être engloutie ;
car la mort de son Roi en a déjà sapé les
fondemens : toutes les places de cette immense capitale sont désertes....... L'intérieur

des maisons offre des tableaux pénibles et touchans. Là des vieillards, accablés sous le poids de la douleur, n'interrompent leur morne silence que par des sanglots entre-coupés, et leurs débiles mains s'élèvent vers l'Eternel pour le supplier de détourner ses foudres. — Ici les mères, dans leur douleur muette et profonde, refusent la subsistance aux enfans qu'elles allaitent ; la source de la vie est tarie chez elles ; ces femmes sensibles succombent à leurs douleurs. En vain de jeunes filles timides cherchent à deviner la pensée de l'auteur de leurs jours ; une fureur sombre et taciturne leur présage les maux de leur patrie. Ah ! gémissez, filles de Sion ; *le sang des Rois ne coule point impunément.* Une main sacrilége va rompre, en un instant, le pacte qui enchaîne les nations. L'oint du Seigneur va être profané ; le plus juste des justes succombera sous les coups de coupables régicides !........ et sa chute peut préparer de proche en proche le bouleversement des empires !!!

Il est cinq heures. — Le son du tambour rappelle, de toutes parts, les timides Parisiens ; les factieux se répandent dans les rues et les carrefours ; ils prononcent que quiconque proférera ces mots : *Grâce pour Louis*, sera fusillé à l'instant. Hélas ! ce cri était dans tous les cœurs ; mais la crainte dans les uns, le désespoir chez les autres, paralysait tous les efforts. Chacun semblait, si j'ose m'exprimer ainsi, frappé de vertige, tant la douleur générale était profonde, tant l'énormité du crime qui allait se commettre comprimait les âmes, beaucoup trop douloureusement affectées, pour exprimer le moindre mouvement.

Louis sort du Temple. La voiture le traîne lentement à l'échafaud. Une double haie de gardes l'environne. Des canons sont braqués sur tous les points que le cortége sanguinaire doit parcourir ; les mèches fumantes menacent de la mort, au moindre signe, cette immense population. L'aspect de la capitale où résident le crime, la fausseté, l'orgueil, l'imposture et l'atrocité, offrait aux regards étonnés une forteresse imposante, composée d'asiles multipliés, dont le plus grand nombre renfermait des malheureux écrasés par l'opulence factice des prétendus patriotes (1), toujours acquise

______

(1) Le nom de patriote, qui ne devait désigner que

aux dépens de l'honneur et de la probité...... Ce
jour nébuleux laissait à peine entrevoir quelques nuages amoncelés. L'astre du jour pâlit ;
une obscurité soudaine envahit l'horizon, et,
se déployant par degrés, ensevelit sous ses
teintes noirâtres la plus belle des cités...... La
nature, en deuil, pleure déjà sur la destruction de tant de fidèles Français qui, comme
leur Souverain, seront sacrifiés à la froide et
atroce politique de ces nouveaux *Sylla*.

« Je dois effacer de cruels souvenirs,
» disait Louis XVI, en récitant les prières
» des mourans: ma religion me le commande ;
» c'est à la modération des victimes à dou-
» bler le supplice des bourreaux : mon par-
» don augmentera leurs remords. Que de
» tourmens n'auront-ils pas à supporter, en
» entendant les paroles de paix de celui qu'ils
» vont assassiner !!! »

Cependant on arrive à la place de *Louis XV*,

---

des citoyens vertueux et amis de l'humanité, a été pro-
digué en France à des hommes qui se sont tellement
rendus odieux par leurs crimes, qu'il est à craindre
qu'à l'avenir ce titre ne soit redouté comme le signal
du meurtre et du pillage.........

l'auguste descendant de tant de *Rois* reçoit la bénédiction dernière de son confesseur.....
Déjà la victime est ceinte de l'auréole du martyre; le digne abbé *Edgeworth*, qui l'assiste dans ses derniers momens, s'écrie, avec un pieux enthousiasme : « *Fils de saint Louis*, » montez au ciel! » Paroles sublimes et consolantes !

. Le Monarque veut encore parler à ses peuples pour la dernière fois, non qu'il cherche à les attendrir sur son sort : Je suis innocent, leur dit-il d'une voix ferme et assurée; puissiez-vous être heureux! Puisse l'effusion de mon sang sauver les Français!.... Un affreux roulement se fait entendre à l'instant, l'heure, l'heure fatale est sonnée.... Ah! dit-il : *Mors solo, vita cœlo* (1). A l'exemple de notre divin maître (2), *Louis* est étendu

---

(1) En mourant pour la terre, je revis pour le ciel.

(2) Un père de l'Eglise nous donne une grande idée de la constance de J. C., par la réponse suivante; pour l'entendre, il faut se rappeler une circonstance de la vie d'*Epictète*. Un jour son maître, irrité de son sang-froid, lui cassa la jambe. Ne vous l'avais-je pas bien dit que vous casseriez cette jambe? Un philo-

sur la planche de douleur, et les mains liées, il reçoit à l'instant le coup mortel....

O Soleil, âme des Mondes qui nous environnent, miroir fidèle de ton Créateur, obscurcis-toi pour toujours ; Terre, entr'ouvres tes entrailles pour engloutir dans ton sein les infâmes qui viennent de se souiller par le plus grand des forfaits ! Les monstres ont osé répandre le sang illustre du plus vertueux, comme du plus bienfaisant des Rois !!!

Sa tête auguste, sur laquelle s'est peinte l'image touchante de l'immortelle espérance, est aussitôt montrée en spectacle à cette multitude impatiente de nouveaux crimes ; comme on fit de ceux de Jésus-Christ (1), chacun

____

sophe opposait cette histoire aux chrétiens, en disant : Votre J. C. a-t-il rien fait d'aussi beau à sa mort? Oui, dit saint Justin, il s'est tu.

(1) *Portrait de J. C. que Publius Lentulus, gouverneur de la Judée, fit passer au Sénat.*

Il y a à l'heure qu'il est, en Judée, un homme d'une vertu singulière, qu'on appelle *Jésus-Christ.* Les barbares le croient prophète ; mais ses sectateurs l'adorent étant comme descendu des Dieux Immortels. Il ressuscite les morts, et guérit toute sorte de maladies par la parole ou par l'attouchement : il est d'une taille grande et bien

se partage les habits de *Louis*, son sang est recueilli comme un objet de vénération par les uns, et un motif d'accusation pour les autres; ses cheveux sont mis à l'encan, mais le motif en est si pieux !!!!

En un clin-d'œil tout ce qui avait appartenu au *Roi martyr*, devient la propriété et

---

formée ; il a l'air doux et vénérable ; ses cheveux sont d'une couleur qu'on ne saurait guère comparer ; ils tombent en boucles jusqu'au dessous des oreilles, et se répandent sur ses épaules avec beaucoup de grâce, partagés sur le sommet de la tête à la manière des Nazaréens. Son front est uni et large, et ses joues ne sont marquées que d'une aimable rougeur ; son nez et sa bouche sont formés avec une admirable symétrie ; sa barbe est épaisse et d'une couleur qui répond à celle de ses cheveux : descendant d'un pouce au-dessous du menton, et se divisant vers le milieu, elle fait à peu près la figure d'une fourchette. Ses yeux sont brillans, clairs et sereins. Il censure avec majesté, exhorte avec douceur : soit qu'il parle, ou qu'il agisse, il le fait avec élégance et avec gravité; jamais on ne l'a vu rire, mais on l'a vu souvent pleurer. Il est fort tempéré, fort modeste, et fort sage. C'est un homme enfin qui, par son excellente beauté et ses divines perfections, surpasse les enfans des hommes.

de ses admirateurs religieux, et de ses assassins sacrilèges....

L'ange de la mort annonce à l'univers qu'un grand forfait vient d'être consommé..... (1) Que la *France* est coupable ! Non, la *France* est innocente de ce mystère d'iniquité, et la saine partie s'écrie aujourd'hui avec la plus douloureuse amertume :

O jours désastreux ! jours effroyables, où retentit tout à coup, comme un éclat de la foudre, cette étonnante nouvelle : *Louis XVI* est condamné, *Louis XVI* est mort...... Le régicide est le crime d'une minorité factieuse ; et pourtant la *Divinité*, qui ne laisse rien d'impuni, nous a tous indistinctement et cruellement châtiés : *Castigans castigavit me Dominus, et morti non tradidit me* (2) ; et Louis XVI a été vengé par celui qui seul a le droit de juger les Rois.

____

(1) Si la mort de *Germanicus* eût été naturelle, Rome n'aurait été plongée que dans la douleur ; mais comme on y soupçonna du poison, les yeux se tour‑nèrent avec effroi sur les monstres qui les gouvernaient, et la douleur fut mêlée de consternation.

(2) Le Seigneur nous a sévèrement châtiés, mais il n'a pas voulu nous livrer à la mort.

Ces restes précieux furent déposés de suite au cimetière de la Madeleine; nulle pompe n'accompagna sa dépouille mortelle. Les barbares! ils n'accordèrent pas même un instant de repos à ce corps palpitant qui les accusait encore de parricide; l'outrage et le mépris le suivirent jusque dans la tombe, où un lit de chaux dévora ses chairs et une partie de ses précieux ossemens : ce spectacle déchirant ne quitte pas facilement l'esprit du sage; ses regards ont suivi *Louis* jusqu'au tombeau, il entend rouler le cercueil dans la fosse, et ce bruit le fait frémir.... Mais un spectacle consolant se découvre à lui, la Religion, sur ses ailes ardentes, transporte l'âme du saint Monarque au-delà des temps et des lieux. Les scènes ravissantes qui font la félicité des bienheureux dans l'immortel séjour, lui montrent les couronnes qui attendent *Louis*; c'est ainsi que la Providence réveille, par l'image de la mort, l'âme qui sommeille, ou s'égare dans la dissipation et les plaisirs qui étouffent toutes semences de vertu, et bannissent entièrement l'idée du Créateur, et de son infinie bonté.

Nous avons perdu le meilleur des *Rois* (1);

____

(1) J'ai vu la vertu aux prises avec l'iniquité; elle

ses cendres saintes reposent dans une tombe étroite. Ah! venons tous pleurer sur cette terre encore humide de son sang; venons-y jurer, à la face de *Dieu* et des hommes, de nous pardonner mutuellement nos trop longues et trop coupables erreurs; imitons saint Louis, second du nom : il pardonna à ses ennemis; imitons, dis-je, son digne successeur (1), qui, le Testament du martyr à la main (2), vient

---

lutttait, et il (Dieu) était sa force; elle cédait, et il était sa douceur; elle souffrait, et il était sa résignation ; elle succombait; et tandis que des insensés applaudissaient à sa chute déplorable, j'ai vu l'immortelle espérance briller dans ses regards éteints, et son front auguste se couvrir, en tombant, de toute la majesté de celui dont elle est la plus noble et la plus touchante image.   M. BERGASSE.

(1) *Sicut divisiones aquarum, ita cor Regis in manu Domini : quòcumque voluerit, inclinabit illud.*

Le cœur des Rois est dans les mains du Seigneur, comme une eau courante; il le fait tourner du côté qu'il veut.   PROV. 21.

(2) « Je pardonne de tout mon cœur à ceux qui s sont faits mes ennemis, sans que je leur en aie donné aucun sujet; et je prie Dieu de leur pardonner, de même qu'à ceux qui, par un faux zèle ou par un zèle malentendu, m'ont fait beaucoup demal. »
                    Testament de LOUIS XVI.

encore, pour la seconde fois, d'accorder un pardon généreux à ses fils égarés... L'univers le contemple, et l'ombre auguste, dont il occupe la place, applaudit du haut des cieux à ce grand acte de modération. Evitons, Français, une coupable récidive, elle serait bien funeste (1)! car, vainqueurs ou vaincus, tous dormiraient bientôt du sommeil de la mort, sans pouvoir dire : *Exultabunt ossa humiliata.*

O *Louis !* si tu reparaissais au milieu de nous, quels seraient ton étonnement et peut-être ta douleur !

Ton auguste famille vient de remonter une seconde fois sur le trône de ses illustres aïeux. La moderne *Antigone* nous édifie chaque jour par ses vertus aussi touchantes que sublimes. Mais, hélas! quelles épreuves n'a-t-elle pas déjà subies ?.... Ah! fille des Rois, le courage ne te fut jamais étranger; par lui, tu t'es

---

(1) Souvent les diverses opinions arment les hommes les uns contre les autres, jusqu'à leur entière des-truction ; et le Souverain Maître de tous, pour main-tenir le monde, aurait dû assigner à chaque individu une planète pour la gouverner, sans sujets et sans contradicteurs.

montrée supérieure aux événemens; tu as
mérité l'application de ces paroles senten-
cieuses : « Rien n'honore plus l'homme que
» des malheurs soutenus avec constance, et
» des sentimens supérieurs à l'adversité. »

Mânes bienheureux ! Mânes respectés, s'il
vous est possible de veiller sur votre auguste
Famille ; si, dans le séjour du bonheur, il
vous est encore permis de penser aux mortels, Louis, vertueux Louis, priez pour les
Français !!!!

. . . .
. . . .
. . . .

A peine avais-je achevé cette invocation,
que j'élevai les yeux et les mains vers le ciel,
et me prosternai religieusement sur un petit
tertre, revêtu de gazon, parsemé de pensées
et couvert d'immortelles. C'est là, me dis-je,
la fosse sacrée qui recèle les cendres de
Louis XVI et de son infortunée compagne.

C'est aujourd'hui l'anniversaire de sa mort....
et la vingt-troisième de sa béatitude.

La Nature, drapée de noir, est ensevelie,
autour de moi, dans un silence profond. Des
ténèbres affreuses couvrent cette capitale;

tout est dans l'inaction. La mort semble avoir dépeuplé la face de la terre, et répandu la terreur sur le globe de l'univers, couvert d'ombres froides et inanimées. O saint martyr! m'écriai-je, ton triomphe a percé la nuit du tombeau, et tu en es sorti resplendissant comme un *astre*. Des couronnes et des palmes immortelles t'attendaient dans l'éternité. Tu as entendu, à ton entrée dans le ciel, des chœurs d'anges, qui suspendirent leurs hymnes célestes, pour élever en ton honneur des cris d'allégresse. Les *chérubins* et les *séraphins* ont étendu leurs ailes éblouissantes et ont posé sur ta tête royale le lis, *symbole de ton innocence*. Ah! puisse-t-il désormais être la tige de notre union, le seul et unique signe distinctif de tous les bons Français!

A peine achevais-je ces mots, que je vois descendre, sur un trône de nuées, une forme lumineuse. A sa beauté éclatante, à sa stature majestueuse, je reconnais un être d'une nature supérieure à la mienne. Le trône s'arrête à la hauteur des nuages. L'ange se lève, et descend sur le vague des airs, qui frémissent doucement sous ses pas; peu à peu il resserre ses ailes brillantes, diminue d'éclat et de

taille, pour se mettre à la portée d'une mortelle.... Mon âme se trouble à la vue de cette
vision surnaturelle, et mes esprits restent en
extase devant ce messager du ciel.

« Tu vois, me dit-il, un des *anges* que le
» Tout-Puissant a créés pour la garde des
» mondes. Réserve-lui tes adorations ; je ne
» suis que son ministre. »

Tout à coup il s'écrie : Champ du dépôt
de la cendre du plus vertueux des Rois et de
son immortelle compagne, un monument sera
élevé dans ton étroite enceinte, qui attestera,
aux générations présentes et futures, et la
grandeur du crime et le sincère et pieux
repentir.

« Le temps amène d'étranges choses, dit
» cet esprit supérieur ; c'est un crime que de
» résister à ce qu'il a plu à la Providence
» d'ordonner. »

« Hé ! quel génie malfaisant s'est donc tant
» agité pour répandre d'aussi funestes in-
» fluences sur la France ? quel démon y a
» vomi le crime ? quel monstre y a promené
» la dévastation et la mort ? En est-il donc
» plus d'un qu'on doive accuser ? »

Et d'un son de voix extraordinaire il

ajoute : « O fléau de Dieu ! ô guerre ! quand
» cesseras-tu de ravager l'Europe ? ô glaive
» du Seigneur, levé depuis long-temps sur
» les peuples, ne te reposeras-tu pas encore ?

» Hélas ! malheureuse *France*, le moderne
» *Attila* est terrassé ; mais pour être délivrée
» de cet ennemi, ne t'en reste-t-il pas assez
» d'autres sans tourner tes armes contre toi-
» même ? Quelle fatale influence t'a portée
» à répandre tant de sang, et à perdre tant
» de vaillans hommes qui eussent pu te rendre
» de nouveau l'arbitre du monde entier ?

» *France*, jadis la gloire des nations, une
» partie essentielle de ton territoire est occupée
» par les troupes alliées; elles te garantissent
» de tes propres fureurs ; mais tes départe-
» mens sont aux abois.... L'affreuse Discorde
» agite encore les esprits : il en est qui , dans
» leur criminel délire, osent encore se flatter
» d'une nouvelle réaction... O peuples ! la pos-
» térité ne pourra croire à tant de malheurs.
» Quoi ! vous vous dévorez entre vous ! Sem-
» blables à ces tigres altérés de sang, qui se
» jettent sur leur proie avec fureur, vous pros-
» crivez, vous vouez à la mort ceux de vos
» frères dont les opinions sont en opposition

» avec les vôtres ! Vous minez sourdement
» la monarchie....; et c'est sans doute pour
» vous ensevelir sous ses ruines, que vous
» voudriez couronner toujours le vice et
» proscrire la vertu. »

Je pleurai sur les maux qui menaçaient
encore ma patrie, et m'écriai : Vos vengeances, ô mon *Dieu !* ne seraient-elles pas
encore accomplies, et n'auriez-vous donné
qu'une fausse paix aux hommes?

La voix de l'ange me répond :

« *Louis*, l'immortel *Louis*, offre journel-
» lement des vœux à l'Eternel pour que les
» Français ne forment qu'une famille : c'est
» en vous ralliant tous à votre digne souve-
» rain (1), que vous apaiserez la rage de
» quelques hommes égarés ; rappelez-vous
» les funestes dissensions de vos voisins, et

---

(1) *Apprehendit te ab extremis terrr, et longinquis*
ejus vocavi te, elegi te, et non abjeci te : ne timeas,
quià ego tecum sum.

« Je t'ai pris par la main, pour te ramener des extrémités de la terre ; je t'ai appelé des lieux les plus éloi-
gnés ; je t'ai choisi, je ne t'ai pas rejeté : ne crains
point, parce que je suis avec toi. » C'est Dieu même
qui parle ainsi.

» profitez de leur terrible exemple. La fac-
» tion de la *Rose rouge* et celle de la *Rose*
» *blanche*, etc., mirent l'Angleterre à deux
» doigts de sa ruine : qu'il n'en soit pas ainsi
» parmi vous. Eh ! que vous importe la vio-
» lette ou l'œillet? Ne regardez ces dons de
» la nature que comme un des présens de la
» Divinité : gardez-vous donc de les porter
» comme un signe distinctif. C'est par l'hon-
» neur, par la modération que l'on ramène
» les hommes, et surtout les Français, à
» l'union. Ah ! pénétrez-vous bien d'une
» cruelle vérité, dit l'ange en me lançant un
» regard imposant : cette ligue si laborieu-
» sement tramée entre tant de princes, et
» qui réunit tant d'intérêts différens, avoit
» pour premier but d'abaisser vos vain-
» queurs. Là, se sont rassemblés tous les
» ennemis humiliés de votre gloire, fatigués
» de votre joug, ou aspirant à vos dépouilles;
» c'est là qu'ils sont venus mettre en com-
» mun leurs affronts et leurs vengeances.

» L'aigle d'un empire éphémère, si ter-
» rible en naissant, est venu à *Waterloo*
» expier ses anciens ravages. Il a perdu de-
» vant toute l'Europe réunie la fierté de son

» vol, et n'a plus étendu ses ailes que pour
» fuir devant ses propres étendards, sur ce
» champ d'honneur et de mort. De vieux
» soldats, compagnons de ses victoires,
» pleuroient appuyés sur ces mêmes armes
» qui avoient triomphé de cette même *Eu-*
» *rope*. Vous vous éleviez de vos prospérités
» passées ; et ne savez-vous pas, mortels,
» que l'orgueil des empires est toujours le
» premier signal de leur décadence ?

» Cependant, ajoute l'ange protecteur, la
» *France* avait peu d'ennemis qu'elle n'eût
» vaincus ; pas un allié qu'elle n'eût soutenu ;
» pas un rival qu'elle n'ait fait trembler ! ! !
» Que manquait-il à tant d'avantage et de
» gloire, que de faire céder l'ambition d'ac-
» croître ses conquêtes au talent de les con-
» server ?... . »

O mon pays, mon pays, dis-je encore, que
sont mes peines personnelles comparées à
celles que tu souffres ! ce sont tes malheurs
qui déchirent mon âme.

Tout à coup mes sens se glacèrent d'hor-
reur.

Et l'ange me dit : « Servir sa patrie n'est
» point un devoir chimérique, c'est une
» obligation sainte. »

« L'avenir vous reste : il est du moins en
» votre puissance. Ah ! gardez-vous d'avoir
» à regretter une perte aussi précieuse ! pro-
» fitez donc de tous ces momens si rapides.

» Il seroit perdu ce peuple aveugle, s'il
» ne reconnoissait pour son *unique palla-*
» *dium et la Charte et son Roi :* Il verrait
» bientôt les flammes consumer les faubourgs
» de sa superbe capitale ! il serait perdu !...
» Des monceaux de pierres fumantes se-
» raient les avant-coureurs de ce qui arrive-
» rait à la reine des cités , si, continuant de
» se livrer à des insinuations séduisantes,
» mais toujours mensongères, il restait dans
» une coupable insouciance.— On sommeil-
» lerait encore long-temps au bord du pré-
» cipice. »

L'ange s'arrête à ces mots : il me remet
des tablettes où étoient gravés divers signes ;
il m'en donne la clé en me faisant promettre
de publier cette mystérieuse vision (1) , avec
tous ces détails auxquels il en ajoute encore,
et me dit... « L'année 1816 et les suivantes pro-

____

(1) O patrie ! patrie, que tu es puissante , et que
tu sais donner de courage! Qui peut te résister ?

mettent à la France de grands et mémorables
événemens... »

Dès que l'ange eut cessé de parler, il déploya ses ailes éclatantes, et remonta vers
son trône aerien. Une lumière brillante sil-
lonna les nuages, les rendit transparens, et
les conforma en un char de feu éblouissant.
Ce spectacle imposant et majestueux ne sortira jamais de ma pensée.

Je parcours ces tablettes mystérieuses,
composées de cinq feuillets, et je lis distinc-
tement sur le premier :

« Si des complots, ourdis dans le silence
» des nuits, et par des fils ingrats, etc.... rece-
» vaient leur exécution, ah ! c'est alors que
» l'on verrait vos provinces, déjà désolées
» par les guerres, livrées de nouveau à des
» ravages et à une destruction entière : la terre
» n'aurait plus de moissons ni de cultivateurs ;
» elle serait partout arrosée de sang, et cou-
» verte de cadavres : partout on repousse-
» rait la force par la force, et le meurtre par
» le meurtre ; on ne pourrait lire qu'avec des
» larmes de sang l'histoire de vos temps mal-
» heureux, où cette belle et antique Gaule
» n'offrirait dans toute son étendue qu'un vaste

» théâtre de brigandages et de ruines, sans
» entrevoir le terme des calamités du plus
» faible, ni des cruautés du plus fort. Hélas!
» la France démembrée aurait dans son sein
» un ennemi puissant et implacable (l'hor-
» rible famine), prêt à en dévorer les restes;
» les fléaux domestiques se joindraient bien-
» tôt aux désastres publics : les habitans des
» campagnes et des villes succomberaient
» indistinctement sous le poids des plus inexo-
» rables exactions, encouragées par l'impu-
» nité que les malheurs publics laissent tou-
» jours entrevoir; de nouveaux soulèvemens
» agiteraient tous les points du royaume; et
» *Lutèce*, l'antique *Lutèce*, n'offrirait plus,
» aux yeux du spectateur effrayé, que les
» ruines de l'orgueilleuse *Athènes*, indiquant
» à peine à la postérité que jadis la plus im-
» posante des capitales étoit là. »

Deuxième feuillet. — « Cependant le calme
renaîtra, les vents cesseront de souffler :
chaque chose reprendra sa place.

L'ange, ministre des foudres célestes, lan-
cera contre les traîtres un trait imprévu.

Noxia nocenti, les méchans se prennent
à leur piéges.

L'excès du malheur donnera l'excès du courage; l'être le plus faible pourra, dans son désespoir, exécuter les choses les plus difficiles.

Et tout fera comparaison, tout aura son application.

Il faudra plus de temps pour condamner l'opinion d'un grand homme, que celle d'un peuple entier.

Le faible roseau plie, sans succomber, sous les efforts d'un vent impétueux : il en est de même de l'homme qui s'humilie en présence du Tout-Puissant. »

Troisième feuillet. — « Le bien est difficile à faire : mais beaucoup plus encore chez les peuples légers, que chez tous les autres.

Car le plus terrible des ennemis s'y oppose, l'impétueuse intolérance.

Il dépend d'eux, bien plus que de moi, de mettre fin aux maux qui les accablent, de rétablir le calme dans leur sein.

Car tel est l'aveuglement des mortels, qu'ayant de tout temps reconnu deux génies maîtres du monde, ils ont toujours cru celui du bien plus puissant que celui du mal, tandis que ces deux ennemis combattent à forces égales.

(59)

Vous verrez, dans diverses contrées, les esprits agités par de violens débats, et l'intérêt public aux prises avec les intérêts particuliers.

Vous verrez les méchans s'élever avec fureur contre le bien , car il leur est nuisible et ils préfèrent les ténèbres à la lumière. »

Quatrième feuillet. — « Mais grave ces paroles dans ton cœur, et que ta bouche les annonce aux mortels :

Si les peuples de ce vaste royaumepersévèrent dans la noble fermeté que donne le bon droit, et que leurs ennemis ne sauroient avoir ;

S'ils apportent toujours dans le choix qui doivent les représenter la plus scrupuleuse attention de n'élire que les plus sages, les plus éclairés, et dont les avis seront comptés par tête ;

Si leur maître (1), convaincu qu'eux seuls

---

(1) Quoi ! sont-ce des flatteurs que demande Louis ?
Il demande, Français, nos soutiens, nos appuis :
Dans leurs cœurs généreux sa tendresse infinie
Ne veut qu'interroger l'amour de la patrie.
S'il n'en croit pas assez sa tendresse et ses yeux,
S'il cherche des conseils, c'est pour vous rendre heureux.
Epit. aux Notables.

font sa puissance, ne se lasse point de leur accorder la protection paternelle qu'il leur doit,

Alors tu verras le calme succéder à l'orage, et ces contrées reparaître dans leur antique splendeur.

Des secours extraordinaires seront accordés aux besoins pressans du gouvernement; mais on élèvera des barrières insurmontables contre la déprédation des comptables infidèles

Et les nouveaux subsides seront répartis sur toutes les têtes solvables, proportionnellement aux facultés de chaque individu (1); mais il faut dégager le commerce de toutes les entraves qui pourroient nuire à son accroissement et à sa prospérité.

Alors toutes les nations seront accueillies par le peuple, qui passe pour le plus poli du monde; elles pourront s'établir au milieu de lui, et jouir des droits communs à tous les citoyens.

---

(1) Espérez de *Louis ;* il aime ses sujets ;
Mais n'allez pas former d'inutiles souhaits ;
Et croire qu'épuisé par tant de mains avides,
L'Etat puisse alléger le poids de vos subsides.

Epit. aux Not.

Et chacun sera libre, un peu plus tard, de rendre public le fruit de ses réflexions, car la vérité n'a point de maître ; et les lumières sont plus utiles aux hommes, que la vile flatterie et la superstition mensongère.

Et votre souverain dira : nous n'avons point imaginé de vengeance plus cruelle de tout le mal qu'ils nous ont fait, que d'achever le bien que nous avions déjà si heureusement commencé.

Et l'abondance renaîtra parmi vous, et vous tromperez de coupables espérances.

En profitant des bienfaits de l'amnistie ; en vous rappelant que vous êtes nés Français, *et dignes de l'être*, vous conserverez encore votre patrie !! !!! »

Cinquième feuillet — Ici quelques mots étaient indéchiffrables : tout ce que je pus interpréter le mieux, c'est que Louis-le-*Désiré* et son auguste Famille étaient nés pour faire le bonheur de leurs enfans, — et qu'un temps viendra, que ce temps ne peut être éloigné, où les petits-fils du bon *Henri* réaliseraient de point en point les promesses de leur auguste aïeul.

Et ils diront aux autres nations : « Nous » sommes maîtres chez nous, quelquefois

» chez les autres, ne nous en faites pas res-
» souvenir..... »

Car la France entière, au premier cri de son Roi, viendrait se rallier à son *panache blanc*. C'est la cause de l'honneur qu'il faudrait défendre.... et vos *braves des braves* n'ont besoin que du premier signal.

Mais heureusement pour vous le temple de *Janus* est fermé; l'Europe est en paix : ah ! puisse-t-elle être durable, et pour l'honneur et les vrais intérêts de tous les peuples, et pour votre prospérité et tranquillité intérieure ! ! !.....

Mais l'ombre de Louis vous est restée ; son auguste et digne successeur vous en retrace l'image vivante; et sa présence vous rappelle ces paroles du livre de Dieu : « *Tant que vous serez unis, je serai au milieu de vous.* »

Ah! qui pourrait méconnaître (malheur à lui !) ce cri religieux de la conscience et du devoir, vous prescrivant l'union et l'harmonie comme les seuls guides qui puissent vous conduire au bonheur inaltérable que l'aveuglement des passions essaieroit encore de vous dérober ?....

. . . .

. . . .
. . . .

Peut-être, me dis-je, me suis-je crue ins-
pirée, lorsque je n'étais que séduite par le
spectacle le plus enchanteur et le plus sublime..... ; peut-être, en me livrant à
une douce contemplation au tombeau de
Louis XVI, n'ai je fait que donner la mesure
de ma faiblesse : le temps seul pourra fixer
mes incertitudes.

Ah ! puisse tout cœur honnête, après la
lecture de ce trop faible opuscule, se trouver
disposé à louer, non l'écrit de l'auteur, mais
du moins le sentiment qui l'inspira !

La suite des *Souvenirs prophétiques d'une Sibylle* ne
doit pas tarder à être mise sous presse. Déjà l'accueil
encourageant que le public a daigné faire au premier
volume, a déterminé l'auteur à en publier un second.
— La *Sibylle* va donc rentrer en lice : elle sait d'avance
quelle sera l'issue du combat. — De nombreuses cri-
tiques, quelques censures amères feront rechercher son
livre, et lui attireront encore de nouveaux curieux. —
Ah ça ! Messieurs, il ne tient qu'à vous de mettre cet
oracle en défaut. — Dites un peu de bien de l'auteur;
c'est alors que l'on jugera ses œuvres d'après vous, et
que la curiosité de voir par soi-même ne sera que
faiblement excitée. — A la vérité, j'aurai toujours pour
moi de vrais adeptes, qui continueront de m'honorer
de leurs obligeans suffrages. — J'ai déjà fait quelques
conversions éclatantes : il en est une surtout qui flatte
infiniment la *Sibylle* : un des littérateurs les plus distingués de la capitale a bien voulu, dans un article du
Journal Général de France (1), rétracter quelques
graves erreurs qu'il avait commises dans un de ses ouvrages (2). — Je lui avais porté une sorte de défi dans
mes *Souvenirs*; je lui avais promis de lui dévoiler certain mystère qui ne permettait ni doute ni réplique. —
L'estimable M. *Salgues*, non content d'être initié, a
voulu que le public fût dans sa confidence. Je lui en
rends grâce, d'autant plus que la prédiction que je

---

(1)
(2) Des Erreurs et des Préjugés, pag. 93.

m'étais permise de lui faire dans mon ouvrage (1), vient de recevoir, d'après lui-même, sa réalisation. Je vais maintenant travailler à une œuvre sublime : je mets mon ambition à faire rétracter un ingénieux, mais inexorable critique qui ne m'a guère ménagée. La *Si-bylle* est bonne : elle aime à pardonner. — C'est sur son trépied qu'elle amènera M. H. (2) à convenir qu'il est plus d'un mystère impénétrable pour les profanes....

Mes nouveaux Souvenirs étonneront les esprits forts ; les esprits faibles ne sont pas les plus difficiles à convaincre, dira-t-on, c'est le contraire : — Ils doutent de tout. — L'homme d'esprit finit tôt ou tard par abjurer les plus graves erreurs ; il ne faut que lui montrer la lumière pour l'amener à la conviction. Cette fois, je l'espère, on ne me fera pas l'injuste reproche de prédire *ce qui est arrivé*. Ah ! messieurs les incrédules, vous étiez loin de croire que les événemens de 1814 se renouvelleraient si malheureusement en 1815. Veuillez relire mon ouvrage : — Il vous offre maintenant une grande solution : la défense que je fis à *Buonaparte* (dans mon voyage à l'île d'Elbe) de méditer des projets fallacieux, etc., lui annonçant d'avance qu'*il succomberait sans gloire* (3), vous prouve aujourd'hui, sans réplique, qu'il n'y a que les aveugles qui n'y voyaient pas clair. Les deux remarques que je fais en planant sur Naples (4) (la chute de *Murat* et la rentrée de l'auguste

---

(1) Page 184, Souvenirs prophétiques.

(2) L'un des rédacteurs du *Journal des Débats*.

(3) Page 282, Souvenirs prophétiques.

(4) Page 274, *idem*.

souverain)..... et le Roi *Stanislas* (1), qui fait des
vœux pour le rétablissement du royaume de Pologne,
il les adresse au petit-fils de l'immortelle Catherine. —
Le ciel les a exaucés : *Alexandre* est digne de régner
sur une nation si fidèle. — Le bon Henri IV prévoyait
encore de nouveaux troubles. — Louis XVI, en rappelant le passage le plus sublime de son immortel Testament, semblait nous dire : Français, vous touchez
encore à de nouveaux malheurs (mes remarques sur la
capitale). Sans la main de Dieu qui dirige tout, *Paris*
n'offrirait aujourd'hui que de vastes catacombes. — La
note 236, pag. 580, est frappante par la précision de
sa vérité : elle est adressée au moderne *Sésostris* qui
nous gouverne, et se réalise chaque jour.—Ce n'est pas
à moi de faire l'éloge de mon ouvrage; je laisse cette
tâche à qui elle appartient. — Mais quand on prétend
diriger l'opinion publique, on devrait au moins rapporter les faits avec exactitude, sans se permettre de
dénaturer la vérité. — Critiquez mon art, je vous le
répète, à vous bien permis de douter de ce que vous
ne pouvez concevoir; seulement ne persistez pas à re-
dire que j'ai annoncé pour 1815, ce qui est arrivé en
1814 : puisque nos malheurs se sont renouvelés, et
nous ont laissé des traces qui seront longues à s'effacer.
— Mes *Souvenirs prophétiques* ont été mis sous presse
en novembre 1814, et n'ont paru qu'à la fin de janvier 1815. Donc, je ne pouvais prédire ce qui venait
d'arriver, mais bien ce qui allait nous arriver.... Je sui-

---

(1) Page 225 , Souvenirs prophétiques.

vrai la même marche dans la suite de mon ouvrage; il sera orné de neuf gravures explicatives : et les amis du merveilleux, et même les hommes les plus censés, resteront dans l'étonnement de mes *dires*..... Ceux qui ne se sont pas encore procuré le premier volume des *Souvenirs*, sont engagés à ne pas différer s'ils veulent avoir l'ouvrage complet. L'on peut souscrire chez l'auteur pour avoir les premières épreuves des gravures emblématiques.

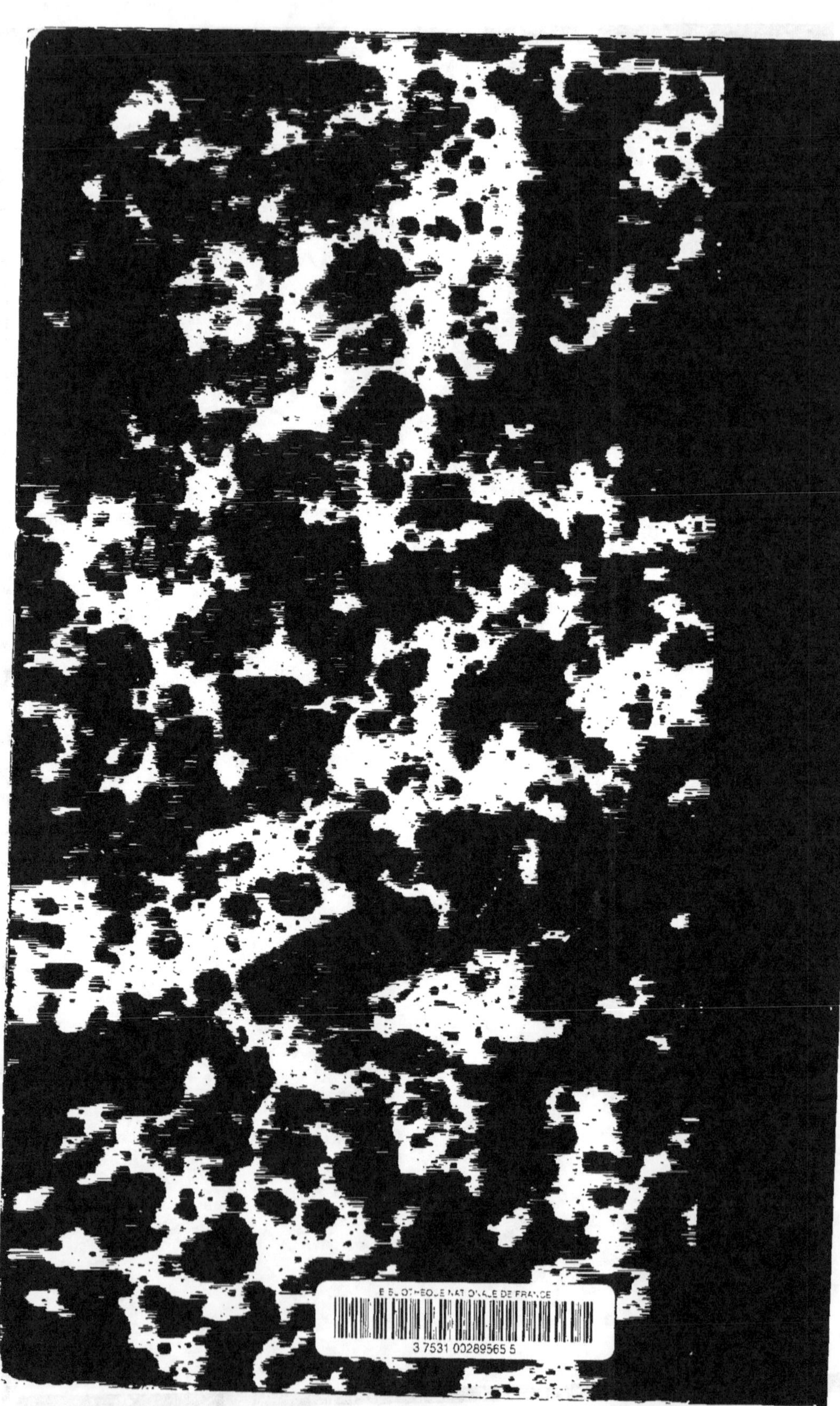

www.ingramcontent.com/pod-product-compliance
Lightning Source LLC
Chambersburg PA
CBHW051238030726

47595CB00003B/969

illustrés ensemble francs-tireurs de Paris et gardes nationaux de ces héroïques petites villes, soient dédaignées. Le sergent Bloch y a été écharpé ; Lecomte et Péquin, Grenier, Maire, Gronier, Pralon y sont morts ; Picquoin y a reçu 7 coups de sabre, Guillemin des balles et des coups. Tout cela mérite de prendre rang et un beau rang. C'est comme l'a fait remarquer M. Carnot, alors député, la première page de la résistance des villes en Seine-et-Oise — et pour les francs-tireurs, ajoutons-nous, un brillant et sanglant baptême.

Ce n'est pas une raison parce qu'il a laissé massacrer les Girondins et une partie de la 2ᵉ compagnie des francs-tireurs de Paris, à Varize (29 novembre), pour que Varize ne soit pas un fait de guerre à noter pour ceux-ci. Suivant son habitude, il a eu hâte de battre en retraite. Les Girondins, au contraire, ont tenu à honneur de se faire hacher plutôt que d'abandonner le passage commis à leur garde (de Freycinet — La Guerre en province, page 130) et maintinrent le combat 3 heures et demie encore après la retraite du commandant Lipowski (Grenest — L'armée de la Loire, page 399). Mais les francs-tireurs de Paris ne sont en rien responsables de ce désastre. Il est surprenant même que tout le bataillon n'ait pas été mitraillé et culbuté, en raison de l'éparpillement où l'avait jeté le commandant.

La 5ᵉ compagnie, capitaine Ledeuil, qui supporta le premier effort, et les généraux Digard et Michel savent quels en furent l'importance et le danger, 90 hommes contre 12.000, étaient à Nobleville. La 8ᵉ compagnie était à Poutault, la 9ᵉ, à Nottonville, la 10ᵉ à Vallière et Péronville, une section de la 4ᵉ à Bazoches-en-Dunois, le reste à Varize avec le lieutenant-colonel Lipowski et le commandant La Cecilia. L'ennemi venant de Châteaudun, comptait 12.000 hommes. Au maximum, nous étions 700, artillerie comprise. Le commandant Kastner des francs-tireurs de Paris, alors capitaine, dit à ce propos : « Notre colonne perd près de 300 hommes, tués, blessés, prisonniers, par la faute de Lipowski qui ne sait se décider à rien et ignore complètement le terrain sur lequel il se trouve. Je soutiens la retraite avec le capitaine Boulanger. Nos pièces nous sauvent. » Nous pourrions ajouter et le général Michel, à qui le capitaine Ledeuil qui vient de se dégager sous les obus, a exposé la situation et qui est parti alors avec un escadron au galop de charge. Que ne pouvons-nous écrire cette page ici ! Mais elle serait trop longue.

Ce n'est pas une raison parce que l'affaire de *Gaubert*, le général Chanzy dit *Bourneville* (1er décembre 1870), a été accomplie sans M. de Lipowski, pour qu'elle ne figure pas au drapeau. Le résultat, 80 chevaux et 80 prisonniers, est assez joli pour valoir une mention toute spéciale, si l'on songe surtout que la 4e et la 9e, capitaines Bouillon et Cohade, lieutenant et sous-lieutenants Hattat, Laumaunier, Béchu, sergent Milius, caporal Henry, accomplirent ce fait d'armes, soudain, en pleine nuit, en moins de 2 heures, le temps de répondre au général Chanzy : « Ce poste vous inquiétait. Il ne vous inquiètera plus. Le voilà. »

Et tant d'autres.

Et que nous faut-il, au lieu de retracer ces coups de main où nous voyons s'élancer nos braves, avoir à analyser une brochure où le mensonge coule intarissable, où l'imposture se déverse épaisse, lourde, rampante, en des notes qui comblent les vides laissés par l'absence de pièces authentiques annoncées à grand fracas et qui auraient eu, en effet, pour le public, pour les écrivains de la Défense nationale, pour l'armée, à qui M. de Lipowski dédie son œuvre, un réel intérêt. De ce nombre sont les rapports qu'il fit au Ministre de la guerre sur l'affaire d'Ablis et les combats de Varize et d'Alençon. C'est sur ces rapports que le lecteur eût aimé juger des talents qu'il déploya et de la sincérité dont il se prévaut. M. de Lipowski ne l'a pas compris ainsi. En dépit de son étiquette, son livre n'est qu'un pêle-mêle d'extraits aux ciseaux, de vagues versions, de choses déjà écrites par d'autres sur ses relations à lui — et de hauts faits de l'armée auxquels il a été absolument étranger. On recherche dans ce remplissage la marque, l'empreinte, la griffe d'un général ; on ne trouve que vapeur et fumée de faquin. Il publie les lettres qu'il a reçues à la suite des exploits du bataillon et s'en attribue la gloire ! C'est du bon, du pur La Fontaine ! M. de Lipowski

Recevant comme siens l'encens et les cantiques..

Car était-ce à lui, Lipowski ; à lui, combattant, ou au commandant des francs-tireurs, au chef de ces *hirondelles noires* redoutées des Allemands, que le gouvernement écrivait, ne pouvant écrire à chacun en particulier ? Le capitaine Kastner a tranché la question en disant : (Voir les Défenseurs de Châteaudun, page 233) « Le Commandement a été nul. C'est à l'initiative des officiers et au courage de nos hommes que nous devons le combat de Châteaudun, qui est un des plus glorieux de la campagne. » Sans doute, chaque message n'en apporte pas moins à M. Lipowski une nouvelle décoration, un nouveau grade. Mais qui a signalé au ministre le commandant Lipowski ? Lui-même. Qui, le lieutenant-colonel Lipowski ! Lui-même. Qui, le colonel, le général Lipowski ? Lui-même. Et cela, dans des rapports rédigés par lui-même. Et le ministre étant représenté pour leur lecture par un secrétaire, Polonais lui-même !... et non naturalisé ! Qu'il nous donne donc ces rapports, que nous puissions comparer aujourd'hui la part qu'il pouvait prétendre avec la part qui lui a été faite dans les récompenses accordées. On était si hâté à Tours (on, qui ?), de le couvrir de galons qu'à Nogent-le-Rotrou, étant par suite des pertes éprouvées à Châteaudun réduit à 500 hommes, le bataillon comptait à sa tête un lieutenant-colonel, M. de Lipowski, et un chef de bataillon, M. La Cécilia. A côté, dans l'armée, là où on observait les règles militaires, on trouvait des colonels Billot, commandant des corps d'armée et des chefs de bataillon commandant des régiments ! (de Freycinet. — La guerre en province, page 121).

Voulez-vous savoir comment de lieutenant-colonel d'un bataillon de 600 hommes, M. de Lipowski, passa colonel de ce même bataillon ? C'est lui qui l'apprend. Prenez son ouvrage « Ablis, Châteaudun, Alençon, » page 52. Il raconte Coulmiers (9 novembre 1870). Voici la place qu'il s'y donne, page 51 : « La nuit arrive et le général Reyau prend pour l'ennemi la colonne Lipowski en marche sur Tournoisis. » Puis dans la nuit, le lieutenant-colonel Lipowski conduit le bataillon à Patay, suivant l'ordre qu'il en a reçu. Et le voilà colonel ! Lisez, page 52 : « Il y eut de nombreuses récompenses : M. de *Serres* qui, après avoir collaboré au plan de la bataille fit le coup de feu, fut décoré de la Légion d'honneur. *Lipowski* fut nommé *colonel*. Le commandant *La Cécilia* fut nommé *lieutenant-colonel*.

Incroyable, vous récriez-vous.

Pas plus que sa nomination de lieutenant-colonel après Châteaudun, une vingtaine de jours avant... Il est vrai qu'un de ses plus intimes amis le fait colonel après *Coulommiers*, la ville réputée pour ses fromages. (*Le Gaulois*, numéro du 18 octobre 1896).

Revenons aux rapports.

Déjà celui qu'il a publié sur la défense de Châteaudun a
permis et permet à tous de déterminer son véritable rôle dans
cette journée. (Voir : Les défenseurs de Châteaudun). D'autres
documents conduiraient peut-être à d'autres découvertes. Ainsi
n'est-ce pas sans nous y arrêter que nous avons lu les lettres
qu'il nous donne du général Chanzy, du général Le Flô et de
l'amiral Jauréguiberry. Le général Chanzy lui écrit en ces
termes : « Au lieutenant-colonel de Lipowski » et signe sans
autre formule « Chanzy ». Le général Le Flô, en 1871, lui dit
tout court « général » et l'amiral Jauréguiberry, sèchement, en
1886 « J'ai l'honneur de vous envoyer la médaille qui *doit*
vous être offerte... » Ce sont là des concisions et des tour-
nures qui ont leur signification pour ceux qui connaissent les
cordialités militaires et qui, rapprochées des « Mon cher
Commandant, mon cher Colonel... » d'ailleurs et d'antan,
jettent du froid et font réfléchir.

Nous aurons occasion, puisque M. de Lipowski nous y force,
de publier des lettres du général Chanzy et de parler de
l'amiral Jauréguiberry. Le lecteur pourra faire la différence
de ton et de rapport de ces chefs illustres avec le lieutenant-
colonel Ledeuil. Les traits que nous rapporterons étonneront.
Mais n'est-ce pas d'étonnement en étonnement qu'on saute
avec M. de Lipowski ?

Ouvrez son livre. Que voyez-vous ? — Une carte. — Que
dit-elle ? — C'est à la carte de le dire et elle ne le dit pas.
Nous voyons bien des traits numérotés 1, 2, 3, 4, etc., et des
lettres T, u, m, j, o, p, N, I, Y, etc. ; mais à quoi se rapportent
ces signes ? — Vous connaissez l'histoire de Midas et des
roseaux qui, sous le souffle du vent, murmuraient : «Midas, le
roi Midas... » — Oui — Eh bien, écoutez.

Pendant la campagne, M. de Lipowski s'est paré des lauriers
conquis par ses compagnons d'armes. Nous croyons le fait
suffisamment démontré, et dans les lignes que nous venons
d'écrire et dans nos précédents ouvrages. A ceux qui voudraient de plus amples informations, on pourrait encore
faire remarquer qu'en changeant habilement le nom de
Francs-Tireurs de Paris en celui de Francs-Tireurs Lipowski,
rien de hardi, d'intelligent, de louable, ne se passait plus au
bataillon sans que ce nom de Lipowski ne retentît. Quoi ! Il
n'est pas jusqu'aux flots de nos rivières à qui il n'ait su faire
rouler des bouteilles renfermant des billets ainsi conçus... en
très bon français, français d'article sensationnel, qu'on peut

voir dans les journaux de l'époque : « La tête du Polonais Lipowski est mise à prix par les Allemands. » Mise à prix qui le troublait assez peu, il faut le reconnaître, pour que, dans nos marches de nuit, s'éloignant de la simplicité de nos brigadiers, de nos divisionnaires, de nos généralissimes, on le vit lui, petit Lipowski, traverser, bouleverser et éclabousser nos rangs et devancer de plusieurs lieues la colonne, avec sa calèche à fanaux jetant dans les villes et les bourgs enténébrés des feux orientaux.

Eh bien, après la campage, M. Lipowski, qui est d'habitudes constantes, s'est paré des œuvres de ces mêmes compagnons. Une carte, la carte que vous voyez, 1, 2, 3, 4, etc., t, u, m, j, o, p, n, etc., donnait un air d'entendement à sa brochure. Il l'a démarquée, se l'est appropriée et vogue le libelle ! Si encore il avait su s'en servir ! Mais non, pauvre carte, seule, sans explication, sans légende, jetée comme aux pieds d'un sphinx un quasi-rébus, elle bat, sans en pouvoir mais, de ses deux ailes le socle menteur où la retient attachée un fil impur. Et le comble, c'est que l'auteur dévalisé est précisément le capitaine Ledeuil, dont M. de Lipowski a pris et s'attribue le *plan de défense de Châteaudun !*

On ne saurait être mieux pris la bague au doigt.

Le Plan révélateur

Que nos lecteurs soient assez assez aimables pour parcourir le rapport du commandant Lipowski, page 42 de sa brochure « Ablis, Châteaudun, Alençon, » et pour suivre sur sa carte le système de défense de Châteaudun.

Leur conclusion sera qu'il n'y a dans ce rapport aucun exposé du système de défense et que, par conséquent, cette carte est bien inutile.

Qu'ils veuillent bien passer à présent au rapport du capitaine Ledeuil, que nous reproduisons à la fin de cet ouvrage, ils constateront que c'est par cet exposé que le capitaine commence, et qu'au moyen de numéros et de lettres, la défense se déroule à leurs yeux sur son plan qui est reproduit également ici comme pièce de conviction pour ceux qui n'auraient pas « Les défenseurs de Châteaudun. »

A présent, qu'ils confrontent les deux plans ; numéro par numéro, signe par signe, lettre par lettre, et qu'ils prononcent à qui appartient le système de défense, à qui le plan publié par M. de Lipowski.

M. de Lipowski n'en parlera pas moins, plus loin, de ce que défend la *simple probité !...*

Et il a bien osé, le téméraire, offrir sa brochure en cadeau à l'armée ! L'armée l'acceptera-t-elle ?

Pour nous, croyant M. de Lipowski assez peint par lui-même dans ce dernier trait, nous nous bornerions là, pour revenir vite aux dieux, aux muses et aux intelligences avec qui nous commerçons, si nous ne croyions devoir aux sympathies que le public nous a témoignées, aux droites amitiés que nous avons eues et que nous avons, au caractère élevé enfin des personnages qui ont daigné souscrire à notre œuvre, de rejeter à la face de ceux qui aiment la boue leurs sottes malpropretés.

Le Serpent

En substance, voici les faits :

Premièrement. — M. de Lipowski, pendant la campagne de 1870-71, infidèle aux traditions des Dombrowski, a donné lieu à des reproches sans nombre. A la défense de Châteaudun notamment, il s'est mis dans un cas qui relève de la Cour martiale. M. de Lipowski a été général et, nous apprend-il lui-même, avec des pouvoirs étendus jusqu'à la nomination d'officiers de tout grade (!) Il doit compte de ses actes. M. de Lipowski pourrait être appelé encore à un commandement. Nous devons savoir à qui nous obéirions. Et la personne de M. de Lipowski est d'autant plus discutable qu'il fut, en une phase de trouble, un produit d'élection séditieuse.

Deuxièmement. — Après la campagne, M. de Lipowski a été appelé à donner des renseignements et des notes sur les combattants qui avaient été sous ses ordres. Quelques-uns et, parmi eux le lieutenant-colonel Ledeuil, n'avaient jamais pu s'expliquer pourquoi leurs demandes de réintégration dans l'armée avaient été écartées, ni comment, dans leurs entreprises, dans leurs travaux, dans leurs relations, dans leur vie privée même, sans raison, sans présage, ils s'étaient buttés et se buttaient sans cesse à des oppositions, à des obstacles, à des refroidissements, à des brisements. Des bruits, des conversations, certains actes de M. de Lipowski amenèrent à le soupçonner d'avoir desservi auprès des pouvoirs, les francs-tireurs qui n'avaient voulu lui faire clientèle de Consul, ni

Cour polonaise, — et utilisé à leur nuire l'autorité que son ancien titre de général lui commandait d'employer à leur faire rendre justice. Très répandu enfin dans le monde — les journaux le citaient dernièrement parmi les assidus aux fêtes de M. de C..... — plaçant lui-même le vin de ses vignobles et parcourant ainsi bien des régions cis et transvosgiennes, il devait avoir tenu de ces propos de table qui donnent de la saveur aux crus d'un joyeux conteur; mais qui d'abord, «rumeur légère» deviennent soudain «le scandale qui tonne.»

Le lieutenant-colonel Ledeuil voulut savoir ce qu'avaient de fondé de semblables indignités et, fouettant les broussailles, en a fait sortir M. de Lipowski qui, sifflant, s'est dénoncé et, voulant mordre, s'est mordu et contaminé.

Que si, nous le repétons. l'intérêt de cette querelle était limité à ces deux officiers, le colonel Ledeuil abandonnerait là ce cadavre.

Mais, pour ceux qui ont présent à l'esprit le passé de nos désastres et qui, aujourd'hui comme alors, voient dans nos efforts de relèvement, tant d'énergies perdues, tant de bonnes volontés inemployées, tant de sacrifices insuffisants, à cause de l'influence étrangère qui a débordé sur notre malheureuse France; combien pour ceux-là le débat s'élève devant ce spectacle d'un homme, Polonais hier, porté au commandement par un coup de coulisse, parvenu au généralat grâce au zèle d'un de ses compatriotes, et qui, convaincu de médiocrité et d'abandon de son poste, cherche à s'en venger en ternissant de son souffle la valeur et le prestige des Français qu'il frustre et qu'il a frustrés.

M. Wieezflinski dit de Serres

(Voir « Les Défenseurs de Châteaudun » page 296)

Et avant d'aller plus loin, un mot sur M. de Serres, protecteur de M. de Lipowski.

M. de Serres, de son vrai nom Wieezflinski, a pu être brave à Coulmiers, et nous l'en félicitons; mais n'en est pas moins responsable, dans une certaine mesure, du plan de la bataille d'Orléans, si funeste à nos armes. M. Grenest dit à ce propos, page 390 de son ouvrage, *L'Armée de la Loire* : « Il y eut un Conseil de guerre auquel ne prirent part que le général en chef (d'Aurelle de Paladine), le général Borel, son chef d'Etat-major, le commandant du 16e corps (général Chanzy), le

délégué du ministre (M. de Freycinet) et M. *de Serres, ingénieur*, attaché à la Guerre, qui accompagnait M. de Freycinet.
Il s'agissait de marcher sur Pithiviers... Malgré ce que purent
faire les généraux pour exposer les dangers d'une pareille
opération... l'idée générale du plan fut maintenue comme un
ordre formel du gouvernement... Le général d'Aurelle qui
aurait voulu, avec les généraux Chanzy et Borel, que l'on
battît les Allemands de Janville et de Tours, avant de marcher
sur Pithiviers, a toujours eu la ferme conviction *partagée par
tous les généraux sous ses ordres et par tous les gens du métier*,
que cette armée de la Loire, animée d'un ardent patriotisme
et d'un courage éprouvé, pouvait, étant réunie, culbuter l'armée prussienne, qu'elle avait toujours battue à forces égales,
et arriver au rendez-vous donné dans la forêt de Fontai-
nebleau. — Les revers furent la conséquence de la dissémi-
nation de ses diverses parties.»

M. de Serres, nous le répétons, était jeune alors, n'ayant
jamais fait la guerre, non naturalisé, ingénieur-inspecteur des
chemins de fer franco-autrichiens... et cependant membre du
Conseil suprême qui dictait ses volontés à nos vieux généraux!

Son influence a tellement pesé sur toute la campagne qu'on
le retrouve avec le général Bourbaki dans l'Est, et que, devant
les remarques désobligeantes suscitées par sa présence et son
rôle, M. de Freycinet a cru devoir prendre sa défense en ces
termes : « Quelques personnes ont rejeté en partie la redou-
table responsabilité de ces événements sur un *jeune attaché*
au Cabinet, M. de Serres, lequel accompagna le général
Bourbaki pendant presque toute la campagne. On prétend
qu'il imposait ses directions stratégiques à l'armée de l'Est
et que le général en chef eut fort à souffrir de son intervention. » M. de Freycinet cite alors des lettres du général
Bourbaki réclamant le concours de M. de Serres, qu'on
lui accorde par condescendance, la présence du jeune ingénieur étant nécessaire à ce moment au bureau topographique!
Il nous semble que loin de prouver que M. de Serres était
étranger à la direction des opérations, M. de Freycinet l'af-
firme en disant que le général Bourbaki se plaisait à répéter
que « le concours que le jeune ingénieur lui prêtait *en
toute circonstance*, lui était précieux. » D'ailleurs, ajoute
M. de Freycinet, M. de Serres n'avait point à s'immiscer
dans le commandement, mais M. de Freycinet n'en est pas
moins amené à avouer que son jeune attaché, un jour, fit

passer une dépêche pour le compte de l'Etat-major du général Bourbaki, et qu'il lui adressa, à ce sujet, une sévère admonestation. Est-ce la seule circonstance où il fut répréhensible?

Quoi qu'il en soit, M. Wiezflinski, dit de Serres, se trouve mêlé à deux de nos plus grands désastres, y jouant un rôle plus ou moins prépondérant et forçant le lecteur à se demander: 1° Les qualités guerrières éminentes, exceptionnelles, qui avaient pu faire distinguer ce jeune homme du gouvernement de Tours; 2° Si, en vérité, nous n'avions pas, dans les rangs français de nos ingénieurs et de notre Etat-major, des sujets égalant les mérites de M. Wieezflinski; 3° Sur quelles garanties de génie et de dévouement à la France, le gouvernement avait accordé à un étranger une aussi absolue confiance, des missions aussi délicates, un pouvoir aussi étendu.

Si on en juge par la conduite de M. de Serres après la guerre, le jeune attaché polonais était peu sérieux.

Ayant déjà pris le nom de sa mère, *Serres* (et pourquoi ce reniement du nom de son père, M. Wieezflinski?), il arrive à Bayonne, s'appelant *de Serres*, et posant sa candidature à la députation française. — Mais, vous n'êtes pas *de* Serres, lui fait-on remarquer. — Pardon, Gambetta m'a *anobli*. — Vous n'êtes pas Français, non plus. — Gambetta m'a *naturalisé*.

En vérité, on trouvera que c'est trop de naïveté pour un homme qui a décidé de la vie de centaines de miliers de Français sur les champs de bataille — ou de désinvolture pour un étranger qui, chargé du poids de plans désastreux, a l'air de dire encore à ceux dont il a compromis les destinées:

« Incapables, sots, ignares Français que vous êtes, place au Polonais... aussi peu législateur que stratège compétent! »

Il y a là, certainement, un sujet d'étude très suggestif et une occasion de recherches d'un haut intérêt national.

Comme si ce n'était pas assez que de voir des ingénieurs et des avocats,' — si jaloux pour eux de leurs prérogatives professionnelles et que les circonstances auraient dû rendre d'autant plus circonspects, — imposer leurs plans de bataille aux vieux capitaines; il faut qu'on rencontre encore un inconnu, un néophyte, un étranger au service des chemins de fer franco-autrichiens, faisant partie intégrante de la délégation de Tours, ayant voix dans les Conseils du gouvernement, dictant ses ordres aux armées, ne quittant M. de Freycinet que pour suivre pas à pas le général Bourbaki.. et aboutissant à la défaite partout, à la honte, au démembrement de la France!

Nous le redemandons, à quoi M. Wieezflinski dut-il tant de confiance et tant d'honneur ?

Relèvement et non abdication

La question ainsi posée, est celle-ci :

D'effacement en effacement, nous avons encouragé les audaces les plus exotiques. Irons-nous jusqu'à l'abdication de nos droits et de nos vertus de race ?

La conscience publique dit non.

Le sentiment national dit non.

Nous disons tous : relèvement et non abdication.

Alors, justice, comme l'écrivait au lieutenant-colonel Ledeuil, en 1881, un de ses anciens camarades de St-Cyr, alors capitaine aux sapeurs-pompiers de Paris, en lui envoyant une coupure du *National* concernant M. de Lipowski ; faisons justice et, pour aller vite en notre sujet, voici.

Ouvrages et conduites parallèles de M. Ledeuil et de M. Lipowski

La défense de Châteaudun eut lieu le 18 octobre 1870. Le commandant Lipowski, *commandant supérieur des troupes et de la place*, qu'on ne l'oublie pas, quittait cette place au premier choc de fissure des Allemands, avec moins d'un quart de l'effectif combattant.

Le 19 au matin, à 2 h. 1/2, les derniers défenseurs arrivaient exténués, brisés, rompus, à Brou. Le capitaine Ledeuil qui les commandait, télégraphie au Ministre de la Guerre, à Tours, à 2 h. 45 du matin, le siège qui vient d'être soutenu et la disparition du commandant. Le Ministre répond au capitaine le 19, à 8 heures du matin, de rallier les francs-tireurs épars et de lui envoyer le rapport de l'affaire. Le 21 octobre, le capitaine adressait ce rapport accompagné du plan de défense dressé et suivi par lui. Le 27, « *Le Nogentais* », organe de Nogent-le-Rotrou, publiait le rapport en regrettant que la place lui manquât pour la reproduction du plan. *Les détails fournis par le capitaine étaient le récit des faits qu'il avait vus ou auxquels il avait coopéré comme second du commandant.*

Nota. — Publier un rapport dans un journal de la localité occupée par le bataillon et où il est en personne, constitue pour M. de Lipowski un *agissement occulte* (sic).

La campagne terminée, réunissant les officiers présents à Paris, le capitaine Ledeuil, devenu lieutenant-colonel, leur lit l'ouvrage qu'il a l'intention de publier, le soumet à leur critique et les prie de vouloir bien relever les erreurs qui auraient pu se glisser et adoucir les expressions qui leur paraîtraient trop sévères. C'est dans ces conditions que, deuxième agissement occulte, parut en 1871, à Paris, le volume intitulé *Châteaudun*. Confronté avec le rapport du 21 octobre 1870, on constate qu'après un préambule où sont rapidement mentionnés les griefs du bataillon contre M. de Lipowski, rapport et récit sont identiques. Les développements du récit serrent de si près les grandes lignes du rapport que celles-ci servent partout de cadre aux souvenirs ajoutés.

Enfin, en 1896, incité par les provocations du *Jubilé allemand*, d'une part et, d'autre part, par des placards et de nouveaux bruits qui lui viennent, vagues, indécis, et d'autant plus perfides, le lieutenant-colonel Ledeuil relève le gant dans les deux camps. Voilà 25 ans que la lutte a eu lieu ici et l'hostilité pris naissance là. La mort a fauché bien des témoignages, ravi bien des amitiés. Mais il est des faits qui demeurent et des documents que le temps n'a pas détruits. Le lieutenant colonel prend quelques-uns de ces documents et, troisième agissement occulte, les publie. Tous sont signés. Ils viennent des diverses unités qui ont participé à la défense du pays, à Milly, à Ablis, à Châteaudun. Officier, sous-officier, franc-tireur, garde national, habitant des villes martyrisées, chacun fait sa déposition devant l'histoire. Sur 500 pages que contient le volume, 200 sont consacrées aux documents. Cette particularité même attire l'attention de la presse qui bat des mains au concert de toutes ces voix de vaillants répondant aux hourras prussiens. De son côté, le Ministre da la Guerre trouve que cet ouvrage renferme des matériaux utiles à l'histoire de la Défense nationale et l'adopte pour les bibliothèques de garnison.

En résumé, de la part de M. Ledeuil, trois récits : 1° le *rapport officiel* du 21 octobre 1870 ; 2° *Châteaudun*, publié en 1871 ; 3° *Les défenseurs de Châteaudun*, publié en 1896 — écrits auxquels, croyons-nous, l'analyse la plus attentive ne pourra reconnaître qu'une intention directrice, l'établissement de la vérité et, en ce qui concerne spécialement Châteaudun, qu'un texte, le rapport : rapport concis en 1870, rapport développé en 1871, rapport documenté en 1896.

Telle fut l'attitude du lieutenant-colonel Ledeuil.

Voyons parallèlement celle de M. Lipowski.

Lors de la publication du rapport du capitaine Ledeuil dans « *Le Nogentais* », en octobre 1870, les deux officiers sont en présence du bataillon, de la matérialité des faits et chacun sous les impressions brûlantes de cette journée du 18. Le commandant Lipowski ne dit rien. Son ressentiment se trahira plus tard dans un mot que nous relaterons.

En 1871, quelques jours avant que le récit, *Châteaudun*, de M. Ledeuil paraisse , M. de Lipowski, informé, met en vente une brochure « *La défense de Châteaudun* ». Après des préliminaires dont l'élaboration inquiète se trahit dans les erreurs qui y fourmillent, vient un rapport qui rend leur auteur d'autant plus vulnérable qu'il fournit ainsi lui-même la *preuve officielle* des fautes qui lui sont reprochées. Aucune dénégation, aucune accusation n'y apparaît. Nous formons en effet, à ce moment, à Paris, un faisceau de 150 survivants environ. Nous avons des communications fréquentes avec nos camarades de province. Officiers, sous-officiers, francs-tireurs sont groupés dans une société qui détruirait les fausses allégations. Chacun de ceux qui se rencontrent dans ces fraternelles réunions d'armes (voir Les Défenseurs de Châteaudun, page 434) sait à peu près tout ce que son compagnon a fait. Non-seulement la brochure de M. de Lipowski est contrainte d'en contenir une part de vérité ; mais M. de Lipowski lui-même — alors cependant en tout l'éclat de son costume étoilé, en plein rayonnement de sa croix d'officier de la Légion d'honneur ; en pleine puissance de moyens, camarade ici des généraux qu'il a reçus dans son salon à Versailles ; ami là des sommités politiques qu'il y a coudoyées, intime avec le Ministre de la Guerre, M. de Cissey ; ayant l'oreille de tout ce qui est grand, maître des destinées de la France et des Français, de la République et de ses citoyens — M. le général, comte Ernest de Lipowski, disons-nous, se garde du moindre mot de protestation *publique* contre le récit : *Châteaudun*, de M. Ledeuil. Il y a cette phrase dans ce récit : « Que ses partisans, s'il en a encore, citent de lui un jour où il ait été sans reproche. » Et celle-ci : « Aussi que de colères, que d'impatiences, n'a-t-il pas provoquées ! Que d'emportements contre lui n'ont pas apaisés les officiers dont l'union et les efforts pénétraient nos hommes de respect. » Nous le répétons, M. de Lipowski se tut.

Aujourd'hui, croyant les vides assez larges dans nos rangs, les souvenirs assez confus, les séparations et les dissentiments, suites des destinées et des opinions contraires, assez grands ; M. de Lipowski parle, nous guidant de sa voix étrange à travers les menées souterraines qu'il exerçait contre M. Ledeuil depuis 25 ans.

Le labyrinthe où il nous engage est loin de fleurer la pureté du bouquet d'oranger que tient en main sa dédicace. Mais il le faut, nous l'avons promis. Suivons-le. C'est un type.

Rapport et rapports

Il est question de séditions dans « *Les Défenseurs de Chàteaudun* » ; de celles entre autres qui permirent à M. de Lipowski d'usurper le commandement sur M. Arohnsonn, de substituer le bon plaisir, la haute fantaisie et les secrètes protections, à la loi militaire du grade et de l'ancienneté dans le grade. M. Arohnsonn vit encore. C'est un témoin dangereux. M. de Lipowski passe, silencieux, sur ce point et sur toutes les objections qui lui sont posées sans en réfuter aucune et sur ses manquements au devoir militaire sans se justifier d'aucun. Il parle à côté, invente, injurie, ment. Mais comme cependant la vérité qu'il traite à la façon de Caton, la vertu, de « vain mot », n'entend pas qu'on casse ainsi tous ses miroirs dans sa main ; la vérité, disons-nous, le fait tomber dans d'abominables pièges d'où chacun lui tirant un fil, il sort la plume fripée et les soutaches peu solides.

C'est ainsi qu'elle l'amène à nous montrer dans sa propre brochure tout le monde d'accord pour tancer sa conduite. — Page 25 de cette brochure « Ablis, Châteaudun, Alençon », le Général Tripart lui télégraphie, le 14 octobre : « *du sang froid et du patriotisme.* » Page 50, le Général Pourcet lui mande : « Une reconnaissance a signalé aujourd'hui, 1ᵉʳ novembre, que 150 cuirassiers blancs étaient allés faire des réquisitions à Châteaudun. Comme votre lettre de ce jour ne mentionne pas ce fait — *qui ne pourrait vous être resté inconnu, — je suppose* que le commandant de la reconnaissance *a pu* être mal renseigné. *Je vous renouvelle* ma recommandation de me tenir informé.» Et en post-scriptum : «J'apprends *avec peine* que l'ordonnance porteur de votre lettre a fait, sans interruption, la route de Morée à Marchenoir. Ces courses sont trop longues pour un même cheval etc. » Le général Pourcet a la main légère. Mais la sonde entre et ce n'est pas de la morphine qu'elle instille. En effet, les cuirassiers allemands étaient bien à Châteaudun le 1er novembre et, bizarrerie, un auteur ajoute que « ce jour-là, démarche un peu tardive, des francs-tireurs y vinrent à la recherche du trésor du bataillon renfermant une *trentaine de mille francs*, que M. de Lipowski *avait oublié* dans sa retraite, le 18 octobre. (Journal de l'Invasion, page 119) — Page 10, le général Chanzy, plus nerveux, lui écrit dans les derniers jours de novembre «... et assurez vos communications *rapides* avec *chaque* groupe. » — Page 65, on lit : « Le colonel Lipowski, *par suite d'un concours déplorable de circonstances*, ne put prêter au général Rousseau un concours effectif au moment du combat de La Fourche *si malheureux pour nos armes*... Il eut *peut-être* le tort de ne pas marcher avec le gros de sa colonne. » Les généraux Reyau et Maurandi aussi invoquèrent certainement pour excuse «le concours déplorable des circonstances. » Aucun euphémisme ne put atténuer leurs fautes. Et M. Lipowski s'est particulièrement fait remarquer par la sévérité de ses jugements envers ces deux généraux. Il a aidé avec une âcre ironie aux mesures de rigueur qui les ont frappés. Quelle puissance secrète le protégeait donc, lui ? — Car la vérité n'a pas fini de lui tirer à son insu des aveux et des preuves. Page 40, en appelant au témoignage du général von Wittich, le général von Wittich répond : « Le comte de Lipowski quitta l'endroit (Châteaudun) *en fuite désordonnée* —et le corps principal par St-Jean, vers Nogent-le-Rotrou. » — Page 25, en note, il certifie que le plan de défense est de lui et qu'il fut exécuté sur ses indications. Ce plan, il le publie. Et ce plan lui crie par ses lettres, par ses chiffres, par ses signes, la signature du capitaine Ledeuil. Il appelle M. La Cécilia à son aide. On verra plus loin comment M. La Cécilia lui répond.

C'est ainsi, disions-nous, que donnant l'occasion de l'acculer partout, il prétend que son rapport est le résumé fidèle des rapports des commandants de compagnies. Pourtant, ne seraient-ce que les renseignements de ces capitaines précisément sur la mise en état de défense de Châteaudun — défense qu'il ignorait et ignora si absolument, qu'en dehors de tous les non-sens déjà relevés en nos précédentes publications, on pourrait ajouter qu'il donne le poste de la Gare en avant, à l'est, comme trait-d'union entre la barricade de la rue Galante, en arrière, vers l'ouest, et la barricade de la rue

Royale, plus en arrière encore, vers l'ouest toujours; qu'il fait défendre cette barricade de la rue Royale par le lieutenant Giquel, quand le premier franc-tireur que vous interrogerez haussera les épaules si vous lui dites qu'il y eut qui que ce soit derrière elle, en plein cœur de la cité, pendant le jour, puisque, jusqu'à 6 heures, le combat ne dépassa pas le périmètre de la ville ; qu'il donne comme appui au capitaine Bouillon à l'intersection de la rue d'Angoulême et de la rue du Bel-Air, au sud, le capitaine Cohade qui serait rue des Fouleries, au nord, mettant ainsi la rue des Fouleries, près de la rue Loyseau, etc., etc. (Voir *La Défense de Châteaudun* par le général comte Ernest de Lipowski, Lacaze éditeur à Paris, page 14).—Pourtant ne serait-ce encore que le rapport du capitaine Jacta dont nous ne voyons pas la pensée maîtresse dans celui du commandant que, déjà, le dit rapport pècherait par des points qui paraîtront essentiels aux hommes du métier. Le capitaine Jacta dit que l'ennemi avait cessé d'attaquer, quand M. de Lipowski battit en retraite, et que c'est sur l'ordre de celui-ci qu'il laissa lui-même son poste pour aller le rejoindre. Quand on est *Commandant supérieur des troupes et de la place*, est-ce une retraite que de prendre avec soi 150 hommes et de laisser là le reste de la garnison, 500 hommes au minimum ? Est-ce une retraite que de faire sonner l'alarme dans les bas quartiers, de jeter ainsi la stupeur au cœur d'une population dévouée et de semer la panique dans les rangs de ses gardes intrépides ? Chanzy avait un champ d'action autrement vaste, croyons-nous, au Mans, et une position autrement critique. Le général de l'armée de la Loire a-t-il fait battre sa retraite aux tambours et claironné sa route à l'ennemi ? Avait-il des soldats solides comme l'étaient nos francs-tireurs et comme ceux-ci le prouvèrent en dépit de leur commandant même ? Les mobiles qui ont lâché pied au Mans, étaient arrivés de la veille, le commandant Lipowski était à Châteaudun depuis 18 jours; on les avait mis au poste le plus périlleux, lui, était au moins périlleux; les mobiles n'avaient pas de cartouches, il en avait des barils; ces mobiles furent blâmés comme soldats, et lui, le chef, devant l'exemple aux siens et ne le donnant pas, était à Tours, porté aux nues !

Le général d'Aurelle, à Chevilly, était à l'arrière-garde avec tout son état-major (Grenets, L'armée de la Loire, page 481).

Mais le commandant de Lipowski !...

Où sont, ne cesserons-nous de demander, les rapports des capitaines de compagnies? Annexés sans doute à celui du commandant... Qu'il est facile alors au ministre de la guerre de les mettre en regard des relations respectives du capitaine Ledeuil et du commandant Lipowski, et de prononcer où s'affirment l'exactitude et la sincérité. Comme l'ouvrage « Les Défenseurs de Châteaudun » en contient un assez joli nombre de ces rapports — rapports des capitaines Kastner, Cohade, Jacta, et rapports des lieutenants Scheffter, Brenière, Hattat, Marcelli, pour les francs-tireurs de Paris; rapports du capitaine Cresp pour les francs-tireurs de Cannes, et du sous-lieutenant Aubin pour les francs-tireurs de Nantes; rapports du maire de Châteaudun, du commandant et des cinq capitaines de la garde nationale de Châteaudun; et d'autres... M. de Lipowski emprunte un mot aux gens dans son embarras; il les appelle des publications de seconde main. Alors, se demandera-t-on, que peut être le sien, qui, de son propre aveu, en naquit? Hélas ! façonné par lui, il est, ce que nous venons de le montrer, une énormité. De première main ou de seconde main d'ailleurs, que sont devenus encore les rapports des capitaines Kastner, Bouillon, Cohade; des lieutenants Planard, Giquel, Delaplagne; des sous-lieutenants Hattat, Béchu, Perrin, Martin, Bazin, sur le combat du soir et la reprise de Châteaudun sur les Allemands? Ils ont été remis au commandant Lipowski, ces rapports. Ils forment un des épisodes palpitants de la journée du 18. Où sont-ils ? Les quelques mots dans lesquels le commandant de Lipowski a cru devoir les résumer ne paraîtront jamais suffisants aux historiens qui tirent des traits plus caractéristiques parfois d'une lettre de sujet que des discours d'un roi.

Les Allemands aussi tiennent un obstiné silence sur ce suprême et si glorieux effort des francs-tireurs de Paris pour les chasser de la place conquise.

Nous croyons donc pouvoir nous porter garant que les Français auraient mieux aimé voir M. de Lipowski relater les incidents de cette lutte que d'entendre ses gros mots.

**

Rires, bouffonneries, indignités, mensonges.

Biographie ampoulée ! s'écrie M. de Lipowski, que « Les Défenseurs de Châteaudun... » D'autres ont prétendu que cet ouvrage renferme des pièces précieuses pour ceux qui voudront plus tard consacrer une page à l'homme qu'il fut et aux hommes que furent ses compagnons. C'est ainsi que l'ont pensé des écrivains à l'estime de qui il est honorable de tenir. « Livre émouvant, dont chaque page m'attire », a dit M. *Pontarmé* dans le *Petit Parisien;* « marqueterie sobre et pittoresque et journée deux fois vécue, » a dit M. *Giffard* dans le *Petit Journal;* « ouvrage très complet et très documenté », a dit M. *Henri Houssaye* dans le *Figaro*; « monument élevé à la gloire de ses frères d'armes », a dit l'*Alsacien-Lorrain;* « monument impérissable », a dit le sergent *Naudier;* « ouvrage où il dit presque nominativement ce que chaque soldat a fait », écrit le Mémorial de la *Librairie Française.* «Œuvre remarquable», a délibéré le Conseil municipal de Paris. Où est l'ampoule en tous ces jugements? *Le Patriote* de Châteaudun la montre sur la rétine de M. de Lipowski et lui plonge au vif le bistouri en une conclusion dont nous abrégeons le dénombrement : « Tous les défenseurs, dit l'énergique organe de la cité dunoise, francs-tireurs de Paris, de Nantes, de Cannes, gardes nationaux de Châteaudun et, aux côtés des hommes, les femmes, Laurentine Proust, Armanda Polouet, Mlle Boulay, la vaillante Jeanne de Chantal, les sœurs, les médecins et les bienfaiteurs... ont, dans l'ouvrage du lieutenant-colonel Ledeuil, un rôle déterminé par les rapports, les témoignages, les attestations que l'auteur a accumulés. »

Que peut-il rester après cela pour la biographie de l'auteur? Quelques pages, pages voulues, pages nécessaires. Personne ne s'est mépris sur leur but. M. Ledeuil cherchait à amener M. de Lipowski à sa propre confession. Cette phrase le dit assez clairement : « Et puis enfin, nous sommes partis si vite, qu'à peine on a eu le temps de se connaître. Qui es-tu? D'où viens tu? Que faisais-tu? se demande-t-on sous les tentes ». En outre, M. Ledeuil ouvrant sa vie, cravachait publiquement la calomnie, jusque-là sourde et aujourd'hui avérée, que le livre de M. de Lipowski lui permet de prendre corps à corps. Mais autant, M. de Lipowski est prolixe quand il parle des autres, autant il aime peu à bavarder sur lui. Contentez-vous d'admirer mes dehors, dit-il. Et au lieu de donner à ses lecteurs la satisfaction de le connaitre, sa verve de se répandre en des épigrammes d'une finesse, créons le mot, *lipowskienne!* « M. Ledeuil est son propre Plutarque... Comme Renan il nous gratifie de ses souvenirs d'enfance... » Abeilles du Mont-Hymette, le beau langage ! Et qu'avez-vous mesuré votre miel à ces seuls mots ! Zoïle en fut devenu Aristarque ! Et nous n'eussions plus soupçonné M. de Lipowski d'avoir été, oh, bien malgré lui et en raison de la circonstance, son thuriféraire dans Vapereau. Car enfin, qui connaissait M. le comte Ernest de Lipowski sous l'Empire ? Comment s'était-il déjà produit ? Où illustré ? Sur quel marbre avait-il buriné ses gestes ? A quelles muses offert la fleur de sa jeunesse ? De son propre mouvement, la Renommée séduite serait venue bucciner à Vapereau : c'est un illustre. Tout est possible, certainement. Mais qu'il nous serait doux d'entendre M. Vapereau, que nous n'avons pas lu d'ailleurs, mais qu'on nous a opposé souvent, nous confirmer cette étonnante révélation !

Au moins, comme dans les mémoires laissés par ceux qui veulent distraire ou instruire la postérité, M. Ledeuil nous entretenant de son passé, on sait que c'est lui qui parle. Il n'y a pas de surprise, de compère, de voix à la cantonnade.

Citoyen, il dit ses actes ; écrivain, il cite ses livres.

C'est au lecteur de contrôler sa franchise sur les témoignages qu'il apporte ou qu'il indique. Ainsi, le mot *officier démissionnaire* étant généralement mal accueilli, en produisant le certificat de son colonel, disant que M. « Ledeuil était au régiment un officier zélé, instruit, bien élevé, et qu'on avait regretté sa démission, son intelligence l'appelant aux grades supérieurs », il n'y a plus lieu à doute. Il a bien démissionné de sa pleine volonté et laissant des regrets au régiment. Il l'avait dit, son colonel l'atteste, on peut croire donc que s'il lève le rideau sur certains coins de sa vie, c'est qu'ils ne sont pas sans renfermer des leçons capables d'épargner ses désenchantements et ses épreuves à ceux qui le suivent. Tel ce qu'il expose aux officiers qui seraient tentés d'abandonner la carrière des armes. C'est à eux qu'il se confie, qu'il retrace ses mauvais jours, qu'il avoue son écrasante désillusion quand la patrie appelant ses enfants à elle, il lui fallut reconnaître dans les barbares qui la voulaient égorger, les Allemands que nos universités réputaient des patriarches, et leurs fils, que la veille même, avec les étudiants français, il conviait à un banquet d'insoupçonnable amitié ! Tels encore ces enseignements à la jeunesse française : « Gardez les générosités de votre âge, mais méfiez-vous des entraînements propres au sang gaulois. Comme vous, j'ai cru, nous avons cru à la fraternité et nous l'avons voulu sans distinction de peuple et sans limite. Nous disions : oui, c'est bien que d'aider à sortir de leur néant les nationalités. Et aujourd'hui l'Alsace-Lorraine n'est plus à nous, et nous voyons trois peuples acharnés contre nous, et c'est à peine si, ballottés au gré des diplomaties étrangères, nous sommes maîtres chez nous. Berlin compte environ 80,000 étrangers dans ses murs. Paris en a de 4 à 500,000. Berlin n'abrite pas 600 Français. Paris loge 100,000 Allemands. Le cosmopolitisme désarme la France. Le chauvinisme fortifie de plus en plus la Prusse. Le socialisme français devient internationaliste. Le socialisme allemand reste autochtone. La philosophie française mettait le cœur en action. La philosophie allemande met la misère en chiffres. La première nous conviait à l'union. La seconde nous divise avec ses formules. Fourier rêvait la science pour levier. Karl Marx en fait une massue. Là enfin où la fécondité, fille du sentiment, trônait; c'est Malthus, épouvante des enfants, qui règne; et, poussés par l'amour de la justice nous touchions au port, tandis qu'aveuglés par les privilèges de la force, nous allons à la dérive. Il y a péril. Prenez garde au pire naufrage, qui est celui de la patrie. »

Certes, il y a probabilité pour que ce langage ne soit pas entendu de M. de Lipowski ou qu'il lui déplaise. Il est de ceux à qui notre large hospitalité s'est ouverte et qui en a abusé. Et puis ce ne sont pas les pensées qui le hantent. Mais à chacun sa voie. Aux uns la solitude et ses méditations ; à ceux-ci les sereines hauteurs et leurs idéales images ; à ceux-là, la côte d'où l'on roule dans le monde, dans le bruit, suivant, grelots tintants, la voltige de l'or qui saute, du vin qui pétille, mais encore qu'il faut savoir boire, grisant délicatement son esprit du parfum de sa mousse sans qu'il en tombe sur les revers de l'habit des flocons qui font écume. Il y en a de ces délicats partout. Quelque divergence d'opinions, quelque différence d'origines qui soit entre eux et l'auteur des « Défenseurs de Châteaudun », on peut être assuré qu'ils ont trouvé de bonne compagnie, la *pensée* de M. Ledeuil de dédier aux dames ses premières poésies. Dans tous les temps, hors ceux de barbarie ; dans tous les pays, hors chez les sauvages... et encore... le soldat, le chevalier, le guerrier, le vaillant, a eu plaisir à cet hommage au sexe. M. de Lipowski, lui, M. le comte Ernest de Lipowski voit dans l'ouvrage de M. Ledeuil « Mes Prémices aux Dames » un thème à gloser. Ce titre le fait se pâmer. Les femmes de Pologne feront-elles écho à sa joyeuseté ? Nous en doutons, surtout si ouvrant les

Prémices, elles y voient que le cœur de l'auteur, à ses vingt ans, après les siens était à elles, et que c'est au cri de « France et Pologne » qu'il entre dans la lice :

> Hourra ! C'est un cri sanguinaire !
> Coup de tonnerre,
> La terre entière
> En a frémi.

Et que c'est à leurs appels déchirants qu'il répond :

> Entends, vois aux lueurs sanglantes
> Les femmes gisant sur le sol,
> Les fils sur leurs mères mourantes
> Mourant pour les sauver du viol.

Et qu'il s'offre, pour elles, pour eux, à tirer son épée, à dévouer sa vie :

> Aux armes ! Lève-toi terrible,
> O France, quand le monde est sourd !
> Croisade ! La victime en succombant te crie :
> Sur toi j'avais compté,
> Au mot de liberté...
> Et je meurs cependant en redisant : Patrie,
> France et fraternité !

> 3 septembre 1863.

(*Mes Prémices aux Dames*, Edition 1869, page 19).

Et voilà sur quoi le comte polonais Ernest de Lipowski s'esclaffe. M. Ledeuil était alors jeune lieutenant. Son hymne est daté de 1863. Il n'est démissionnaire que de décembre 1864. Ce qu'il demandait à l'Empire était de céder au courant de sympathie qui entraînait à rétablir les Polonais dans leur patrie et de l'enrôler parmi les premiers à partir. « Forfait, forfait poétique » vient, 33 ans après, lui dire le fils d'un de ceux qui ont exalté son indignation au récit de leurs maux. Ecoutez les hoquets du comte : « Pièces galantes, qui manquaient jusqu'ici dans *nos* livres de guerre... » *Nos* livres de guerre ! Comme c'est lui ! Quel foudre ! Quel Jomini ! Mais quelle est donc l'étude dont il ait enrichi nos bibliothèques pour dire *nos* livres de guerre ? A quelle question, ou d'histoire ou technique, a-t-il attaché son nom de général, montrant qu'il y avait en lui de la compréhension, de la fibre, du nerf, l'étoffe d'un soldat ? Et, à défaut, à quelle œuvre d'esprit, à quelle entreprise sérieuse, s'est-il appliqué qui dénote une intelligence en mouvement, un cœur préoccupé, une raison soucieuse ? Même en galanterie, il est déplacé : « Pas d'amour, crie-t-il. Forfait, l'amour ! Forfait poétique ! Et puis, qu'est-ce que c'est ! Un sous-ordre pas crétin... Tout le monde crétin sous mon commandement supérieur ! Ambition, folie, folie des grandeurs que de se présenter à la députation ! Dites qu'on oppose à la candidature Ledeuil la candidature de mon chasseur Lafleur. Et voilà, bien fait, 1000 voix, Lafleur, 2000, des milliers... Oui, je sais, nous ne sommes pas 600 au camp, mais dites toujours 1000, 2000, des milliers, Lafleur !... Et Ledeuil, nombre infime. »

Ma France, est-il vrai que des hommes pareils aient commandé à tes enfants ! Tu agonisais sous le talon du vainqueur. Des craintes s'élevaient empêchant de se porter à ton secours. Des traîtres aux visées criminelles travaillaient les masses et l'armée. Il fallait des voix qui protestent contre le joug, contre la honte, contre l'occupation, contre la mutilation. On pouvait te sauver. Chanzy derrière la Mayenne, Faidherbe dans le Nord, Loysel au Havre, Pourcet sur la Loire, de Pointe, Bruat, Clinchamp, Cremer, dans l'Est, y étaient prêts; Belfort tonnait toujours. Les Allemands étaient épuisés. Nous comptions 300.000 hommes sur pied, 200.000 dans les camps; on pouvait en lever 500.000 encore. Où sont les voix qui porteront ces nouvelles aux villes et dans les bourgs ? Un officier croit pouvoir remplir cette mission. Il aura le courage s'il n'a pas le talent, l'éloquence des faits à défaut de la rhétorique des mots. Répondre au drapeau, venir au canon, arracher à leurs angoisses l'Alsace et la Lorraine qu'on veut prendre, voilà la question. Quel est votre avis, votre sentiment ? Le gouvernement de Paris a-t-il le droit d'enchaîner dans ses déterminations le gouvernement de Bordeaux, c'est-à dire le reste de la France ? Votez. Notre officier donc, officier français, s'offre pour dire qu'on peut vaincre et pour voter *non* contre la soumission, *non* contre l'annexion. Mais il a au-dessus de lui un commandant Polonais qui, à son désespoir filial, à sa colère patriotique, répond : Lafleur, Lafleur... et qui, 26 ans écoulés, la France encore meurtrie, faible, mutilée, l'imprime et s'en gaudit !...

France, chère France, si tes fils sont saisis de la folie des grandeurs, comment nommer cette sorte de rut qui agite les Lipowski dans leurs cavalcades effrontées ou dans leurs rancœurs jalouses de ta puissance et de ton génie ?

Quel fiel ! Que de boue !

Et l'élection de Belleville, ajoute M. de Lipowski. Cette

élection mérite une page à part. Abrégeons-la. A ce moment, les inquiétudes que faisait naître M. Gambetta étaient grandes.

Trois traits de sa vie, pour ne citer que ceux-là, rayaient de trois grandes ombres l'auréole du protagoniste de la défense nationale. Le premier: sa proclamation, à la Chambre, de Thiers comme le *sauveur du territoire* ! Thiers qui avait jeté la peur dans nos armées (de Freycinet. La guerre en province), qui avait livré nos fronts de bandière à l'ennemi, et l'armée de l'Est, et Belfort, et qui considérait Bismarck à l'égal d'un dieu! Le second trait avait été, lors de l'exposition de 1880, la présentation au monde de *Rabelais* comme le livre de chevet de la France ; non le Rabelais philosophe, penseur, érudit ; mais le Rabelais lâché en tout le dévergondage des mots et des idées, barnum et compagnon des danseuses du ventre et parrain de Zola qui, dès lors, s'enhardit jusqu'à la licence dans le réalisme qu'il déploya. Le troisième trait, qui entrait comme un poison dans les blessures toutes vives des patriotes qui avaient foi dans leur énergie et l'espérance de la revanche, avait été cette funeste assertion, lancée aussi du haut de la tribune française, que les *temps héroïques étaient passés* ; c'est-à-dire qu'à l'imitation de Thiers, devenu son maître, il traiterait de fous furieux ceux qui ne consentiraient pas à s'aveulir dans une irrémédiable décadence et de quotidiennes hontes ! Gambetta, réduit à ces proportions. n'était plus le génie de la France, mais le leader d'un parti déprimant. Cependant qui s'opposerait à lui ? Le colosse effrayait. Humble, M. Ledeuil se présenta. Il avait été des amis de Gambetta, de ses fervents, jusqu'au jour où le voyant orienter sa politique intérieure et extérieure contre toute prévision et lui ayant déjà révélé l'état hostile de l'opinion dans « Lettre à Frédéric » , il avait dû, avec tant d'autres qui pleuraient l'homme, se séparer du politicien. M. Cattiaux, conseiller municipal, était venu féliciter M. Ledeuil et l'encourager en lui promettant l'appui du Conseil. Mais le Comité de la Presse avait porté ses vues sur MM. Tony Révillon et Sigismond Lacroix. Le Conseil suivit le Comité. M. Cattiaux en informa *par lettre* M. Ledeuil. La campagne électorale continua. M. Ledeuil laisse à l'honorable M. *Tony Révillon* et au *Parti ouvrier* de cette époque de dire si son attitude fut correcte, loyale. Quant à M. Sigismond Lacroix, chacun sait qu'il est d'origine polonaise, de son vrai nom *Kryzianowski*, il appréciera que nous ne le mêlions pas à ces débats. Nous le prierons seulement de bien se tâter pour savoir s'il n'avait pas dans le cervelet un petit grain de cette fameuse folie que son compatriote voit dans les autres, à l'instar des sujets atteints de bile qui, dit-on, voient tout jaune.

Et maintenant, une courte mais décisive observation. Comment se fait-il que M. de Lipowski, alors que M. Ledeuil lui donnait par cette candidature l'occasion de porter à une tribune publique et ses méfaits et ses forfaits... poétiques ; comment se fait-il que M. de Lipowski sachant tous les francstireurs de Paris, défenseurs de Châteaudun, qui habitaient Belleville, dans son comité, n'ait pas saisi cette occasion... de se faire jeter en personne par les fenêtres de la rue des Envierges ?... Car il y en a qui ont passé par les fenêtres de la rue des Envierges...

C'est que nous étions nombreux encore en 1881; c'est qu'il aurait trouvé en face de lui les Gilbert, les Devèze, les Bloch, les Hainselin, et Grasse et Lorrain, et Kastner et Laumaunier, et Milius et Boulanger, qui se seraient dressés lui répondant à qui mieux mieux :

«Ledeuil, dites-vous, n'était pas à Ablis ? Ablis, Ledeuil, pas vu ? — Non. — Cependant il y a certaine histoire... — De quoi ? — De trou. — Vous savez ça ? — Kastner va vous la conter. — Ah ! — Vous aviez le revolver fumant au poing... Vous vous précipitez sur moi et Ledeuil et nous prenez les mains pour constater que les Allemands... — Oui, oui. — Vous ont fait... — C'est bien. — ...dans la culotte... — Assez. — ...un trou... — De quoi ? — ...de balle. — Où ? — ...A côté de l'autre. Ah! pudeur et commandement ! Car vous avez quitté l'attaque pour ce constat ! — Est-ce tout ? — Pas encore. A Ablis, il n'y avait pas que 2 compagnies. — Combien alors ? — Quatre, vous le dites vous-même dans votre brochure. Elle est singulièrement titrée, entre parenthèse, cette brochure. — Comment cela ? — *La Défense de Châteaudun par le général...* » Vous n'étiez pas général à la défense. — J'ai mis : «*La Défense de Châteaudun* suivie du *rapport* adressé par le général... » — Vous n'étiez pas davantage général quand vous avez écrit ce rapport. — Eh non. — Eh oui, bains à 4 sous pour femmes à fond de bois ou bains à fond de bois pour femmes à 4 sous, vous vous perdez vous-même dans vos dénominations. Général, lieutenant-colonel, commandant, commandant les troupes, commandant les troupes et la

place et commandant supérieur... cinq, six dignités, en 4 pages
dans une brochure de 30 et j'omets le prénom, le titre et la
particule. — Mais enfin ! — Ce n'est pas vous qui êtes
ampoulé. — Mais encore une fois... — Combien cela peut-il
faire de mètres de panache ? — A la question, Monsieur ! —
Vous y êtes à la question, nous y sommes dans la question ;
nous nous y ébattons, y faisons des sauts et des plongeons,
d'Ablis où vous n'avez pas vu Ledeuil aux compagnies que
vous ne voyez pas davantage. Lisez votre propre écriture :
« Avec l'autre moitié de mes hommes... » Et la 1ᵉ compagnie
ne devait pas y être. Lisez : « Le demi-bataillon de droite se
battait à Angerville. » (*La Défense de Châteaudun* par M. de
Lipowski, page 6) — Concluez. — La surprise d'Ablis fut
faite par le demi-bataillon de gauche, 5ᵉ, 6ᵉ, 7ᵉ, 8ᵉ compagnies.
La 5ᵉ était commandée par Ledeuil. Et Ledeuil s'y distingua.
Il est cité à l'officiel et envoie aujourd'hui même au ministre
de la guerre sa mention pour le prier, vu la fidélité avec
laquelle vous écrivez l'histoire, de vouloir bien la faire ajouter sur ses états de services militaires (Voir *Les Défenseurs de
Châteaudun*, page 470) — Est-ce tout ? — Reportez-vous à
votre *Journal de Campagne*... — Mon... Journal... de Campagne... — Vous n'en aviez pas ? Je n'en suis pas surpris.
Continuons. Si le capitaine Ledeuil était à Ablis, par contre il
n'était pas à Chambord mais à Tours, en même temps que
vous, et chargé d'une mission peu agréable pour vous ; il dira
dans un instant laquelle, et sortira des lettres qui le consta-
tent. N'étant pas à Chambord, le capitaine Ledeuil — et non
le commandant Ledeuil — n'a donc pu ni refuser d'exécuter,
ni ne pas exécuter les ordres du commandant La Cecilia. Et
s'il n'était pas au combat d'Alençon, c'est vrai, puisqu'il était
malade au Mans, ses deux chevaux étaient à Alençon, eux,
sous la conduite et la garde de son ordonnance *Charpenay*,
qui les conduisait à la suite du bataillon. Ces deux chevaux,
il ne les a jamais revus. Charpenay donna comme explication
au commandant Ledeuil que dans la vivacité de la retraite, il
avait dû les abandonner comme il avait abandonné ceux de
Châteaudun. Est-ce vrai Charpenay ? — Oui — A tout cela,
M. de Lipowski, qu'avez-vous à répliquer ? — Rien — Qu'êtes-
vous venu faire ici, alors ? Calomnier. A la porte, le Lipowski !»
Soyez-en sûrs, cela se fût passé de cette manière en 1881.
Tandis qu'aujourd'hui, M. de Lipowski, interwiewé par un
reporter documenté ricanerait: «Je le sais mieux que vous que

Ledeuil était à Ablis et s'y est distingué, puisque c'est moi qui ai signalé sa belle conduite au ministre; je sais mieux que vous qu'il n'était pas à Chambord, puisque nous étions tous deux en présence, à Tours : lui parti le 7 de Chambord pour demander ma révocation au nom du bataillon ; moi, appelé pour répondre aux reproches portés contre mon commandement. Non seulement il n'est pas question, il ne saurait être question du capitaine Ledeuil dans aucun des rapports sur l'affaire de Chambord, et il y en eut au moins une dizaine et autant d'enquêtes d'officiers de tous grades et de toutes armes, mais encore prenez l'ouvrage « L'armée de la Loire » de Grenest. Lisez cette phrase (page 119, tome II), relatant les termes mêmes de l'historique du 36ᵉ de marche : « Au lieu de partir immédiatement, *il* (La Cecilia) ne fait son mouvement que dans la nuit, et sans s'occuper du placement de ses grand'gardes, sans tenir compte des ordres précis qu'il avait reçus, rentre au château de Chambord avec la majeure partie de ses officiers.» — Eh bien ? — Eh bien, traduisez le pronom *il* par Ledeuil, et c'est le capitaine Ledeuil, alors à Tours, qui devient responsable de l'inexécution des ordres précis donnés au commandant La Cecilia, à Chambord (9 déc. 1870) Quant aux rapports du bataillon, que je fis rédiger par les commandants de compagnies, à la requête du général Chanzy et qui innocentent le bataillon, ils ont tous été remis au général qui, lui-même, a dû les transmettre au ministre de la guerre. Ils sont donc dans les archives, et l'absence du nom du capitaine Ledeuil dans ce débat est facile à constater. — Eh bien ? — Eh bien, oui encore, on devait rembourser à Ledeuil et ses chevaux de Châteaudun et ses chevaux d'Alençon. C'est incontestable. Tous furent perdus par suite d'actes de guerre, d'engagements, de combats. Ce fut une double injustice que de ne pas l'indemniser. Il y en avait un qui venait des prises d'Ablis ; un autre, celui qui le blessa et le força d'aller au Mans accompagné du docteur *Haueur* et de son ordonnance *Hue*, des prises de Gaubert. — Est-ce bien vous que j'entends parler ainsi ?—Parbleu oui, c'est moi, bien moi, Lipowski. — Mais alors...— Mais alors, j'avais à me venger... — Je vous salue. »

Hélas ! reprenons donc la parole.

M. de Lipowski se défend du reproche de n'avoir pas désigné un officier à la direction des travaux de défense, à Châteaudun, et d'en avoir distrait le capitaine Ledeuil la veille du combat, en disant que le capitaine La Cecilia fut chargé de ce soin. Or : 1° dans son rapport au ministre, M. de Lipowski ne dit pas un mot de cette direction et n'écrit même pas le nom de M. La Cecilia ; 2° M. de Lipowski observe le même silence sur le capitaine La Cecilia dans les préliminaires de sa brochure « La Défense de Châteaudun » page 7, où l'assertion brève et mensongère du rapport « toutes les barricades que j'avais fait élever » est rectifiée ainsi : « Je chargeai les capitaines Duroset, Boulanger, Ledeuil, Bouillon, Kastner, de *diriger* les travaux nécessaires pour mettre la place en état de défense. *Un plan général* ayant été adopté, ces officiers firent construire etc. »

Seul donc, le capitaine La Cecilia n'est nommé nulle part et aujourd'hui, M. de Lipowski vient affirmer que c'est ce capitaine qui avait la direction des travaux ! Nous avons rapporté dans *Les Défenseurs de Châteaudun* le témoignage du capitaine Kastner disant que l'honneur en est dû au capitaine Ledeuil. Il y a mieux pour confondre M. de Lipowski, à savoir que le capitaine La Cecilia n'était pas à Châteaudun les 14, 15 et 16 octobre, jours où se fit la mise en état de défense et que M. La Cecilia ne revint de Tours que le 17 octobre avec le détachement qui y avait conduit nos prisonniers d'Ablis. (Voir rapport officiel du capitaine Ledeuil — Châteaudun, édition 1871 — et *Les Défenseurs de Châteaudun*, édition 1896). Donc, M. La Cecilia étant absent, les rayons X n'étant pas encore trouvés, ni le téléphone inventé, le capitaine La Cecilia, à Tours, n'a pu diriger les travaux et le capitaine Ledeuil ne lui prêter qu'un concours insuffisant et être, pour ce motif, relevé de ses fonctions aux barricades. M. de Lipowski insulte pour la dixième fois à la vérité. Il lui insulte encore en disant qu'à Châteaudun, il était lieutenant-colonel, M. La Cecilia commandant, M. Ledeuil capitaine, et celui-ci par conséquent sous les ordres de M. La Cecilia. M. Lipowski était commandant, M. Ledeuil capitaine, M. La Cecilia capitaine ; M. Ledeuil, ancien lieutenant de l'armée française, M. La Cecilia un ancien officier garibaldien, d'après les on-dit du bataillon ; ou, contrairement, ancien officier de l'armée italienne, suivant les indications de la matricule et, partant, de toutes manières, M. Ledeuil appelé, le cas échéant, à prendre le commandement.

Non, le capitaine Ledeuil ne fut pas, dans la journée, à la tête de sa compagnie. Il ne devait pas y être. Sa place était à l'organisation et à la surveillance de la défense et il y fut, rue d'Orléans, rue de Chartres, rue d'Angoulême, au Mail, au Champdé, sur la place. A 5 h. 1/2, il savait si bien où était la 5ᵉ compagnie que, dès 1 heure, il connaissait la puissance de tous les points de l'échiquier pour les avoir inspectés, y avoir installé ou réparti des forces. A 5 h. 1/2, le commandant Lipowski serait embarrassé de dire ce qui se passa. Le voici : Le lieutenant Echasson, qui commandait la 5ᵉ en l'absence du capitaine Ledeuil, faisait savoir que, replié sur la Guinguette, il craignait de ne pouvoir résister au mouvement enveloppant de l'ennemi. A cette nouvelle, le capitaine Ledeuil prenait le lieutenant Cardon et le sergent Hugo avec lui, courait à la préfecture et à l'hôpital, faisait sous une pluie d'obus, fermer grilles et jardins, prenait les clefs qu'il remettait au lieutenant Cardon et protégeait la rue de la Madeleine en y jetant, près la rue de la Cuirasserie, avec les établis d'un menuisier qui aida bravement encore à la besogne, une barricade volante qu'un poste de huit hommes défendra coûte que coûte, sous les ordres du lieutenant Cardon et du sergent Hugo. Ces deux vaillants vivent encore. La barricade fut détruite par les francs-tireurs en retraite sous la conduite du capitaine Ledeuil. Tous ces détails ont été publiés dans *Châteaudun*, édition 1871 qui, ne l'oublions pas, fut écrit sous le contrôle des officiers du bataillon. C'est un quart d'heure après, sur une demande plus instante de renfort de la part du lieutenant Echasson, que les derniers hommes de la réserve partirent sous la conduite du capitaine La Cecilia, du lieutenant Marcelli et du sous-lieutenant Perrin (trois officiers, pour 15 hommes !) et perdirent deux des leurs dans le jardin de la préfecture. Un quart d'heure encore après, arrivait le sous-lieutenant Scheffter de la 5ᵉ, accouru avec l'ordonnance Charpenay sur le bruit que le capitaine Ledeuil était tué. Dix minutes après, M. de Lipowski s'évanouissait.

Non encore, M. de Lipowski n'a pas donné au capitaine l'ordre formel d'aller retrouver ses hommes. Il ne l'aurait pas osé et sur ce ton surtout. Le capitaine Ledeuil s'est imposé, oui, au commandant. Certes, le commandant aurait bien voulu le capitaine au diable. Celui-ci, venant de placer le capitaine Loridan dans la maison qui flanquait, à droite, la barricade de la rue d'Orléans, n'avait-il pas trouvé le commandant Lipowski attablé devant bouteilles et verres, chez le marchand de vins de la place, M. Pasty, qui, vivant encore, pourrait être appelé à dire ses impressions. M. de Lipowski était avec deux autres officiers, à la troisième table, à gauche. Bientôt, ces deux officiers — que nous pouvons nommer, car c'étaient des courageux venus sans doute chercher des ordres, le capitaine Durozet et le lieutenant Roussel, — partirent, le premier à la barricade d'Orléans, le second à la caserne où une balle le tua raide. Il y avait un café, sur la place, d'où on voyait se dérouler l'action, le Café de Paris. Mais c'est le capitaine Ledeuil qui y fut vu en grimpant l'escalier. La propriétaire actuelle pourrait à son tour conter comment M. Ledeuil, dans une visite qu'il fit à Châteaudun l'an passé, lui demanda de le conduire dans le grenier qui lui avait servi d'observatoire. Nous le répétons, c'était le droit, et on le voit, le devoir du capitaine que de présider à la défense qu'il avait organisée. Ce droit, il l'exerça; ce devoir, il l'accomplit. Et la fin de la journée marquée par le départ de M. Lipowski, dit qu'il eut cent fois raison de le comprendre ainsi. Peut-être y eût-il eu 300 hommes de massacrés comme à Varize, un mois après.

M. de Lipowski, qui voyait la gare, trait-d'union entre la rue Galante et la rue Royale ; M. de Lipowski qui voyait la rue des Fouleries au sud quand elle est au nord ; M. de Lipowski qui voyait sur la face sud le combat à *l'entrée de la ville*, quand les Allemands n'abordèrent jamais même le mur du parc des Dames-Blanches au centre, ne purent faire encore que des démonstrations d'artillerie à droite et n'arrivèrent pas à franchir la Guinguette à gauche ; M. de Lipowski, par contre, qui voyait ce combat *au-dehors* sur la droite, quand il était dans l'enclos, rue de Chartres et rue Galante et pesant sur la barricade d'Orléans... M. de Lipowski qui voyait des barricades sur toutes les routes quand il n'y en avait sur aucune ; M. de Lipowski qui voyait la barricade d'Orléans dépendante de la barricade de la rue Galante (!!!) (Voir *La défense de Châteaudun*, par M. de Lipowski, pages 15, 26 et 27) M. de Lipowski qui, orienté ainsi, voyait la rue Bourbeuse à gauche du parc des Dames-Blanches quand elle est à droite, et les routes de Courtalain et de Brou couvertes, pour une retraite, par le Loir (même brochure, pages 16 et 18), quand deux ponts solides, pont Saint-Médard et pont Saint-Jean, permettaient à l'ennemi de le poursuivre avec autant d'aisance qu'il en mit à s'en aller ; M. de Lipowski, donner au capitaine Ledeuil un ordre formel !! Muet, fut le commandant pendant toute l'action.. Qu'eût-il pu dire , aussi ignorant de tout qu'il l'était ? Un chef intelligent fût sorti aussitôt de son nuage. Il aurait demandé à l'organisateur de la défense de compléter sa connaissance imparfaite des positions et de leur force. Les commandants de place secondent ainsi les commandants de troupes. M. de Lipowski n'avait tenu aucune réunion d'officiers avant, et se tint dans cet isolement pendant le combat. Dans l'armée, le chef discute avec les principaux officiers, leur demande leurs idées, leur soumet les siennes. Chacun, après ces entretiens, est fixé sur sa position, sur sa mission, et autant que faire se peut, sur les desseins du commandement. La victoire est prévue, mais la retraite aussi et les ordres donnés en conséquence. M. de Lipowski n'entend rien à tout ça. Tout se fait en-dehors de lui. A la nuit, il ordonne la retraite et part le premier. Et il estime qu'il a assez fait et que nul n'aurait pu mieux faire. Et il aurait osé donner un ordre formel au capitaine Ledeuil, à 5 h. 1/2, à l'heure de crise, alors que la rue Galante cède, que la Guinguette est menacée, que la rue de Chartres plie.....

Le capitaine Ledeuil l'a dit dans « *Les défenseurs de Châteaudun*, page 211 », c'est lui qui, devant l'imminence du péril, ne craignit plus d'indiquer haut où était le devoir et dit au capitaine Jacta : « repliez-vous, mais pied à pied ; dans cinq minutes, je suis de retour avec du renfort. »

Une autre bouffonnerie, c'est celle de M. Lipowski appelant M. Ledeuil indiscipliné. Du spoliateur au spolié, il y a quelque impertinence, on en conviendra. En admettant le commandant Arohnsohn devenu impossible, ce qui n'est pas, à qui, par droit et droit imprescriptible, revenait le commandement du bataillon ? A l'officier français le plus ancien de grade. Quel était cet officier ? Le capitaine Ledeuil. Que fait M. de Lipowski pour avoir ce commandement qu'il convoite en secret ? Il se crée des partisans et, bouleversant l'œuvre militaire si péniblement achevée par le commandant Arohnsohn, en appelle soudain au système subversif des élections. Et ce mot d'indiscipliné viendrait dans la bouche de celui qui fut la voix d'insurrection comme il est aujourd'hui la voix de calomnie ! Voyez-le fuir la sphère d'action des chefs de l'armée ; entendez-le railler le général Tripart lui conseillant « le sang-froid et le patriotisme » ; lisez dans sa brochure, page 10, qu'il n'obéit pas aux ordres de Tours. Ici, c'est d'impéritie qu'il accuse l'un ; là... Mais il faut que chacun sonde bien le vide psychologique de ce phénomène d'aberration qu'est notre héros.

Nous sommes à Tours. Les Francs-Tireurs de Paris, rendus à la gare, s'apprêtent à partir à l'ennemi, Châteaudun les a appelés, Châteaudun les attend. Jusqu'ici, on ne les pas gâtés de prévenances. Mais, dans un instant, un membre du Gouvernement de la Défense nationale, M. Glais-Bizoin, qui les a pris en amitié à voir leur impatience d'en venir aux mains avec l'envahisseur, va leur faire oublier les déboires passés. Il vient lui-même, heureux, fier, les saluer à leur départ. Ne pouvant, dit-il, les embrasser tous, il découvre son front blanc et embrasse le commandant, qu'il appelle le brave commandant. Eh bien, M. de Lipowskl, ce commandant, Polonais hier, traité en fils, en soldat de la France, en enfant de la patrie, dénommé brave alors qu'il n'a rien fait encore que donner des promesses en paroles et dont le cœur ému devrait battre et la bouche s'ouvrir pour dire : « Je la mériterai cette accolade de la France ; je le mériterai ce nom de brave » ; — M. de Lipowski dans les bras paternels qui l'étreignent, sur le cœur de ce représentant septuagénaire de la France envahie, pense et murmure : « tiens, il a un chapeau gris, à longs poils, le vieux. » (Voir la brochure Ablis, Châteaudun, Alençon, page 12).

Et celui qui bafoue ainsi, dans une heure solennelle, tout ce qu'il y a de vénérable dans l'homme et de saint dans la circonstance, prétendrait à la déférence, à la soumission et parlerait au nom du bataillon des Francs-Tireurs de Paris, au nom des Défenseurs de Châteaudun !

Insensé !

Non-seulement il rapetisse les Francs-Tireurs par la figure qu'il fait au milieu d'eux, mais ayant à les louer hautement de leur intelligence et de leur zèle, il appelle *accident* leur attention en éveil. La surprise d'Ablis est ainsi contée par lui : « Le porteur de la lettre du maire d'Ablis dit au maire d'Auneau en la lui présentant : Voici une lettre qui annonce qu'Ablis est plein de Prussiens. Des francs-tireurs étaient présents. Leur caporal, de retour d'une absence, prévenu par eux de la nouvelle, se rendit à l'hôtel de ville, où se trouvait le valet de ferme et le requit de le suivre au corps de garde où il le consigna. Puis ayant demandé un cabriolet et un cheval au maire, il fila en toute hâte sur Denonville où était le commandant Lipowski. » Nous le demandons aux vétérans de Crimée, d'Italie, d'Afrique, qu'auraient-ils fait ? Serré d'abord énergiquement la main du caporal et mis tout de suite tous ces braves à l'ordre du jour. Comprendre, interprêter, remplir avec cette habileté, avec ce sens, cette promptitude, la mission des postes d'avant-garde méritait certes d'être signalé, surtout au début de nos opérations, alors que nous étions tous un peu des *bleus*. Le commandant Lipowski n'envisage pas la chose ainsi, mais du tout, et il écrit, page 13 de sa brochure « Ablis, Châteaudun, Alençon » qu'il fut, « *la remarque n'est pas sans importance, prévenu d'une façon absolument accidentelle* de la présence de l'ennemi à Ablis. »

Quel sens caché renferme la proposition *la remarque n'est pas sans importance*? Veut-il nous bien pénétrer qu'allant à l'ennemi, il était étonné de le rencontrer, que c'était pour lui une surprise étrange, un *accident*, répercuté de cet autre *accident*, la vigilance de nos hommes?

Et ce fut un des chefs, oui, du lieutenant-colonel Ledeuil, que M. Lipowski! Lui et M. La Cécilia qui, tous deux, le lui signifient dans ladite brochure, avec une superbe originale pour des éphémères à qui leur extraction pourtant aurait dû rappeler que, nés d'un renversement, un autre renversement pouvait les supprimer; qu'une élection en effet est temporaire, révisible, soumettant l'élu au contrôle de l'électeur, et qu'en ce qui les concerne personnellement, loin qu'ils aient été revêtus du commandement à vie et considérés comme dynastes, à la question : qui t'a fait duc? nous avons tous conservé le droit de répondre : qui t'a fait roi?

Car M. de Lipowski, nous l'avons vu, a agi en aventurier. Le bataillon était organisé régulièrement, traité à l'égal de l'armée, commissionné par le ministère de la guerre et confiant dans la loi militaire qui le régissait. M. de Lipowski en supplantant M. Aronsohn, y introduisit l'intrigue, y jeta des ferments qui amenèrent la sédition de Tours, où, à l'instigation d'autres ambitieux connus de M. Laurier, des hommes qui n'avaient pas eu encore l'occasion de voir leur officiers au feu, exigèrent néanmoins à leur tour la confirmation de leurs grades par eux.

Cette élection, le capitaine Ledeuil n'y souscrivit pas. Qu'on interroge les francs-tireurs de la 5e. Les officiers étaient alors M. Echasson, lieutenant; M. Scheffter, sous-lieutenant. Le capitaine dit à sa compagnie : « Ces officiers ont rempli leurs devoirs jusqu'ici. Si l'un d'eux était, de votre part, victime de son attitude militaire, je le suivrais en donnant ma démission. » Et tous applaudirent.

Quant à M. La Cécilia, à la formation du bataillon, il déclare être ancien capitaine et sous-chef d'Etat-major de l'armée italienne. M. Aronsohn lui confie le grade de sous-lieutenant. Le bataillon en route, M. La Cécilia prend de la popularité. C'est un ancien garibadien, dit-on, colonel à Marsala. A la sédition de Tours, les francs-tireurs le nomment capitaine. A Nogent-le-Rotrou, après Châteaudun, on apprend qu'il est commandant, M. de Lipowski passant lieutenant-colonel ! Devant l'émoi et les protestations des capitaines, M. de Lipowski se défend de l'avoir porté pour un avancement, et en effet, parmi les citations d'Ablis et de Châteaudun, on ne trouve pas son nom. (Voir la défense de Châteaudun par M. de Lipowski, édition 1871). Il est facile aujourd'hui au ministère de la guerre de savoir alors qui fit cette proposition. Dès lors, un autre La Cécilia apparaît. C'est d'abord *Napoléon de la Cécilia* dans le *Nogentais*, et puis dans le même organe, après Chambord, le *Marquis Napoléon de la Cécilia*, On n'en lit pas moins sur sa porte de lieutenant-colonel, cette invitation à l'insubordination et aux rancunes des soldats contre leurs officiers : « Les réclamations sont reçues de 3 heures à 5 heures. » Pendant la campagne, M. La Cécilia suivit la fortune de M. de Lipowski. Après la campagne, le marquis Napoléon de la Cécilia était *général de la Commune.*

On avouera que tout ceci est imbroglio de Vaudeville et que, quand on entend M. le comte Ernest de Lipowski et M. le marquis Napoléon de La Cécilia, tenant encore à la main leurs brandons de discorde, reprocher à d'autres leur irrespect de la hiérarchie, Sarcey n'a plus à réclamer la scène à faire, elle est faite. Et il n'y a plus place que pour des anecdotes. En voici une, celle que nous promettions au début et qui causerait, disions-nous, quelque étonnement à ceux qui ont lu dans la brochure Lipowski les larmes répandues par M. La Cécilia sur l'ingratitude de M. Ledeuil envers M. Lipowski.

L'amiral Jauréguiberry n'est plus, hélas ! Il ne pourra la contresigner. Mais sans doute son officier d'ordonnance vit, lui. Enfin, si la mort avait pris aussi ce brave officier, peut-être l'amiral a-t-il causé de cet incident dans sa famille, dans son entourage, au ministère de la marine, et pourra-t-on trouver de ce côté une attestation des lignes qui suivent.

C'est un trait saillant du caractère personnel à chacun de nous

que cette aventure. Il y en a bien une autre, celle de l'inter-
rogatoire que fit subir au lieutenant-colonel Ledeuil sur le
général « La Cécilia » le capitaine Lacoste, rapporteur près le
23ᵉ Conseil de guerre de la 1ʳᵉ division militaire, le 4 juillet
1872 ; et puis une en plusieurs chapitres, où l'Intendant Périer
réclame à cor et à cri, en 1873, l'adresse du général Lipowski..
et d'autres encore... Mais chacune viendra en son temps.

Contons la première.

Insurrection armée du Commandant La Cecilia
au camp de l'amiral Jauréguiberry
à Saint-Péravy-la-Colombe
(30 novembre 1870)

Quand nous arrivâmes à Saint-Péravy-la-Colombe, l'amiral Jauréguiberry nous confia la défense du parc. La neige
couvrait la terre, nos hommes n'avaient pas de vivres. Il fallut
attendre, comme c'est fréquent à la guerre ; bœufs et moutons
étaient encore sur pied quand on nous les livra. Abattus, c'est
par quartiers énormes que les francs-tireurs les cuisaient sur
des feux d'arbres coupés comme on avait pu et enfourchés
dans des branches solides. Le camp nous avait, en somme,
pourvus aussi vite que l'avaient permis les circonstances et
largement pourvus, de viande au moins. La joie était revenue
au bataillon avec les forces... et ça sentait la poudre.

Vers midi, un officier du corps de Jauréguiberry étant parti
en reconnaissance avec un fort détachement de cavalerie, les
capitaines Ledeuil, Boulanger et Kastner décidèrent d'aller
chercher au loin de ses nouvelles. La reconnaissance avait été
heureuse et les capitaines rentraient au camp sous cette favo-
rable impression quand on leur annonce avec effarement que
le commandant La Cecilia, à la tête des francs-tireurs,
baïonnette au canon, a jeté en leur absence l'insurrection
dans le camp, et que le sous-lieutenant Dussol a été arrêté par
le gendarmerie et conduit en prison. Pourquoi cette sédition ?
Personne ne pouvait le préciser. Cependant le capitaine
Ledeuil n'écoute que son attachement pour le bataillon, prie
le capitaine Kastner de l'accompagner et se rend chez l'amiral
qui les reçoit dans une grande salle, au premier. Les murs
sont blanchis à la chaux. Un seul meuble, une table au fond,
près d'une fenêtre. Devant la table, debout en petite tenue, le
visage pâle, l'abord froid, l'amiral. A côté de lui, l'officier
qui nous a introduits.

— Monsieur l'amiral, dit le capitaine Ledeuil, j'apprends qu'un officier des francs-tireurs de Paris vient d'être arrêté. Je suis ancien officier du 1er de ligne, élève de St-Cyr. C'est comme soldat que je parle à un soldat. Les francs-tireurs de Paris sont les défenseurs de Châteaudun. Un gendarme a osé prendre au collet un de leurs officiers. Au nom de l'honneur militaire, rendez-moi cet officier. — Mais, Monsieur, ce qui vient de se passer est très grave. Il y a rébellion armée, en présence de l'ennemi. — Monsieur l'amiral, soyez indulgent pour des hommes qui ont beaucoup souffert des mauvais vouloir. — Quel grief leur chef a-t-il pu invoquer ?—Je ne sais, mais veuillez, pour l'instant, ne vous souvenir que d'une chose, qu'ils ont conquis à Milly, à Ablis, à Châteaudun, le droit d'être traités avec égards et qu'on a manqué à ces égards en permettant à un gendarme de mettre la main sur un de leurs officiers. Donnez, Monsieur l'amiral, l'ordre d'élargir M. le lieutenant Dussol et vous jugerez après la suite qu'il conviendra de faire prendre à cette affaire. — Ce que vous demandez est impossible. En plein camp, baïonnette au canon, à la veille d'une bataille, chanter la Marseillaise, dans un sentiment de révolte et comme un appel à une insurrection de mes troupes ! Qu'est-ce que M. La Cecilia ?—Je vous en conjure, Monsieur l'amiral, oubliez tout jusqu'à la mise en liberté de l'officier que je vous réclame. Quant aux francs-tireurs, ils ont cédé à un entraînement irréfléchi dont j'ignore la cause, mais pourtant je vous certifie que leur esprit est bon et leur dévouement à la patrie, absolu.—Mais M. La Cecilia... — N'a pas dû voir la gravité de cet acte. — On sentait l'ami-ral frémissant, luttant, hésitant, s'il devait sévir ou fléchir. Après un instant de silence, reprenant l'entretien: Me répon-dez-vous à l'avenir du bon ordre? - J'en réponds, Monsieur l'amiral. — C'est bien. L'officier arrêté va être mis en liberté. Pour le reste, j'ai votre parole.

Traduit devant la Cour martiale, le commandant La Cecilia aurait été fusillé, le bataillon décimé.

L'amiral Jauréguiberry, que le capitaine Ledeuil vénéra depuis, demeura de son côté impressionné de cet entretien. M. Ledeuil se trouvant un jour, 9 décembre 1870, jour de *Chambord*, au café, à Tours, un officier de marine vint à lui : « N'êtes-vous pas le capitaine Ledeuil ? — Oui... — Je suis l'officier qui, à St-Péravy, se tenait aux côtés de l'amiral Jauréguiberry. Vous pouvez demander à l'amiral tout ce que vous voudrez, il vous l'accordera. »

Peut-être quelque curieux voudrait-il savoir où était le lieutenant-colonel Lipowski et sa part d'intervention dans un conflit aussi grave, aussi menaçant pour le bataillon ? Colonel Lipowski ? ... Pas vu.

Epilogue.

Et aujourd'hui, M. de Lipowski tire un journal, publié à Londres, où M. La Cecilia écrivait en 1872, que « Ledeuil n'aurait jamais dû oublier la générosité de Lipowski à son égard ! » Et M. La Cecilia aurait dans le même journal, le « Qui vive » publié qu'il avait été agacé de voir, à Châteaudun, Ledeuil rôder sans rien faire autour du lieutenant-colonel Lipowski. »

A Londres, M. La Cecilia s'occupait de Ledeuil... et pour en dire ces choses ! C'est une révélation et le lieutenant-colonel Ledeuil serait reconnaissant à qui lui procurerait la collection entière des articles qu'a daigné lui consacrer M. La Cecilia. Si M. de Lipowski les possède, il devrait bien les publier, avant que le colonel Ledeuil soit mort.

On trouvera d'ailleurs suffisamment de détails dans « *Les Défenseurs de Châteaudun* » sur la manière du capitaine de rôder autour du commandant, et pour prononcer qui devait être le plus agacé des trois, le commandant Lipowski n'ayant pas quitté la devanture du café Pasty, au coin de la place et de la rue de Blois ; et le capitaine La Cecilia, en réserve dans la partie en retrait du *grenier au sel*, gardant trois officiers pour 15 hommes! M. de Lipowski dit à ce propos dans sa brochure « *La Défense de Châteaudun* » (édition 1871, page 16) : « Ce léger renfort (le dernier), était conduit par MM. La Cecilia, Marcelli et Perrin. »

Quant à cette alliance soudaine du général Lipowski, qui, pendant la Commune, à Versailles, à qui il a offert en vain ses services, aurait fait occire le général La Cecilia comme un petit lapin, et le général La Cecilia, général de la Commune, qui aurait fait non moins occire le général Lipowski comme un autre petit lapin ; que veut-elle dire? Car même en dehors de cette dualité de tendances politiques, M. La Cecilia est loin d'avoir porté dans son cœur M. Lipowski, commandant supérieur de Francs-Tireurs et l'estime qu'il lui témoignait à la date du 31 mars 1871 ne pouvait faire pressentir les prévenances dont il le combla à Londres.

Lisez :

Paris, 29 mars 1871

Monsieur le Rédacteur

Dans le numéro de votre journal, en date du 28 courant, je viens de lire une lettre en français, signée **Lipowski** — *Je publierai sous peu les* **Souvenirs d'un franc-tireur** *et dans cet ouvrage, je mettrai sous son véritable jour le général Lipowski ; je dirai quelle a été sa conduite à Châteaudun, à Varize et ailleurs. — Pour aujourd'hui, je me contente d'opposer un démenti formel à sa prétendue défense d'Alençon. — Le mérite d'avoir disputé l'entrée d'Alençon au corps du général Von Bredow, si toutefois mérite il y a à avoir fait simplement son devoir en obéissant strictement à un ordre du général Chanzy, m'appartient exclusivement. C'est moi qui, dans la nuit du 14 au 15 janvier, ai pris les dispositions les plus urgentes pour la défense. C'est moi qui, le lendemain, ai à la tête de 900 francs-tireurs et de 14 pièces d'artillerie, soutenu et repoussé les attaques d'un corps d'armée ennemi (12.000 hommes environ et non 65.000 comme le dit ridiculement M. Lipowski), et cela pendant huit heures consécutives. C'est moi qui, cinq fois, à cheval et l'épée à la main, ai conduit mes francs-tireurs jusqu'à 200 mètres des batteries prussiennes.*

M. Lipowski s'est tenu pendant toute la journée sur la place de la Mairie, ne donnant, selon son habitude, aucun ordre. *Il n'a paru près de la barricade, à l'entrée de la route du Mans, que vers une heure et demie; aucun projectile n'arrivait encore là. Il y est resté une vingtaine de minutes.*

Mais dans son rapport au Ministre de la Guerre, il a eu soin de s'attribuer tous les honneurs de la journée et n'a même pas fait mention de votre serviteur. Si parmi les combattants d'Alençon, artilleurs de St-Brieuc, cavaliers du 3e escadron du 11e chasseurs, francs-tireurs de Paris, des Hautes-Pyrénées, de la Gironde, et du Havre, mobilisés de l'Orne et de la Mayenne, il s'en trouve un seul, officier ou soldat, qui de bonne foi vienne démentir mon affirmation, je consens à passer pour un malhonnête homme.

Veuillez agréer, Monsieur le Rédacteur, l'assurance de ma considération très distinguée,

Le Colonel Commandant les francs-tireurs de Paris.

M. La Cecilia.

(*Le Soir*, numéro du vendredi 31 mars 1871)

Et aujourd'hui on s'embrasse !

Cher marquis, qui l'eût cru ? — *Mon Ernest*, qui l'eût dit ?
— Qu'en des baisers si doux notre aigreur se fondît !

* *

Le bataillon en l'air

Plus M. Lipowski avançait en grade, plus le bataillon piétinait. Plus le bataillon piétinant s'adjoignait de renforts, moins il allait à l'ennemi. Il se recrutait, disait M. de Lipowski. Quel recrutement ! Vous êtes Grec ? Allez au bataillon Lipowski. Vous êtes Polonais ? Corps Lipowski. Américain, Valaque, Italien ? Colonne... ou cohue Lipowski? Et les Francs-Tireurs de Paris, noyés dans ce flot grandissant aux dix langues incomprises , les Francs-Tireurs de Paris qui ne s'étaient pas enrôlés pour faire masse, attendre ou se traîner inutiles à la remorque des armées, mais pour évoluer, inquiéter, harceler, fatiguer l'ennemi ; les Francs-Tireurs contrariés dans leurs vœux, leurs sentiments, leur tempérament, leur raison d'être, murmuraient de ne pas jouer un rôle à la hauteur de leur patriotisme. Depuis le 18 octobre, qu'avait-on fait ?

19, 20, 21, 22, 23, 24, 25, 26, à Nogent-le-Rotrou, rien.

27, 28, 29, 30, 31 octobre et 1ᵉʳ novembre, à Morée, rien.— 2 nov., à Cloyes. — 3 novembre, le lieutenant-colonel Lipowski s'ébranle à la suite de la dépêche du général Pourcet, citée plus haut. Le capitaine Kastner dit à ce propos. « Le lieutenant-colonel Lipowski me charge de tendre une embuscade aux reconnaissances prussiennes qui viennent visiter Châteaudun. Je pars avec 3 compagnies, 2ᵉ , 6ᵉ , et 7ᵉ (capitaines Echasson, Kastner, Marcelli) et arrive à Châteaudun par la voie ferrée. J'envoie la 2ᵉ à la ferme de Vilsaint, à l'embranchement des routes d'Orléans et d'Orgères, et je m'enferme avec les 6ᵉ et 7ᵉ dans la Tuilerie. J'avais recommandé de faire des créneaux dans le toit. Echasson en fait 90 à Vilsaint, moi 74 à la Tuilerie. Je savais que les cavaliers ennemis descendaient de cheval à la Gare ou à l'Abattoir pour donner à manger à leurs montures. J'avais laissé ces deux endroits inoccupés et je comptais, dès qu'ils auraient mis pied à terre, marcher en colonne sur eux et faire faire des feux de peloton jusqu'à ce qu'il n'y eût plus eu de vivants. *Mais pendant que j'étais embusqué, arrive, vers 10 heures du matin, le colonel Lipowski avec une colonne ! Il eut la mal-*

heureuse idée de faire occuper la gare par des mobiles. Vers 11 heures, arrive un escadron de cuirassiers bavarois. Je laisse passer devant moi l'avant-garde. Successivement, 9 cavaliers prussiens défilent à une portée de lance de mes hommes. *J'ignorais la présence du colonel Lipowski,* de sorte que je pensais avec joie que ces gens-là m'appartenaient. *Mais, ô malheur, un coup de fusil part de la gare et voilà tout l'escadron en fuite.* L'avant-garde repasse sous le feu de mes hommes et l'escadron, au lieu d'être pris tout entier, ne perd qu'une quinzaine d'hommes. *J'étais arrivé si secrètement à Châteaudun, à 2 heures du matin, que les habitants ignoraient complètement ma présence chez eux.* »

Joli, n'est-ce pas, un colonel qui vient détruire l'embuscade si habilement tendue par un de ses capitaines! Et qui met en mouvement, pour un résultat semblable, contre une centaine de cavaliers, une colonne de 1,200 à 1,500 hommes !

4, 5, 6, 7, 8 novembre, rien, des marches.

9 novembre, jour de Coulmiers, rien, des marches, qui aboutissent à notre rencontre avec le général Reyau et à l'élévation de M. Lipowski au grade de colonel.

10, 11, 12, 13, 14, 15, 16, 17, 18, 19, 20, 21, 22, 23, 24, 25, 26 novembre, escarmouches éparses, aux avant-postes de Patay.

27, 28 novembre, marches.

29 novembre, combat de Varize, écrasement des Girondins et d'une partie de la 2e des francs-tireurs de Paris.

29, 30 novembre, marches de jour et de nuit, sédition La Cecilia au camp de l'amiral Jauréguiberry, à St-Péravy-la-Colombe.

1er décembre, bataille d'Orléans, première journée, marches. Affaire de Gaubert (Bourneville), dans la nuit.

2 décembre, bataille d'Orléans, deuxième journée, marches.

3 décembre, bataille d'Orléans, troisième journée, un peloton de cavaliers ennemis passe entre nos rangs aux fermes de Pezelle, et sabre une voiture qui ramenait le docteur Haueur.

4 décembre, bataille d'Orléans, marches.

La 9e compagnie, à Orléans, prend part à la défense de la ville.

5 décembre, marches.

6, 7 décembre, séjour à Chambord.

Les 3 et 4 décembre, où le bataillon s'était trouvé mêlé aux retraites de nos corps d'armée, avaient monté à son dernier degré d'acuité la colère des francs-tireurs de Paris. Le spectacle des dernières paniques était comme un spectre devant leurs yeux. Cathelineau, Charrette, ces noms leur tintaient aux oreilles de stimulants exploits. Ils auraient voulu s'élancer en avant, et nous reculions, reculions toujours, au milieu de l'encombrement des voitures, des régiments désorganisés. En vain, les officiers, qui ne cessaient d'être unis, s'efforçaient de modérer leurs éclats. Le 5 décembre, sur la route de Beaugency à Mer, le capitaine Hattat, frère du Conseiller municipal de Paris, vint, dans une halte, avec plusieurs autres officiers, trouver le capitaine Ledeuil et lui ayant exposé les plaintes du bataillon, lui offrit le commandement au nom de quatre compagnies, qui se sépareraient si les quatre autres ne les suivaient pas dans leur mouvement.—« Mais c'est une sédition que vous me proposez, répondit le capitaine. La situation est grave. Nous savons vos mécontentements. Cependant, les francs-tireurs de Paris ne sauraient se dis_joindre. Nous avons fait alliance dans le sang de nos morts. D'autre part, ce serait appeler sur le bataillon peut-être des mesures de répression rigoureuses. Puisqu'il le faut, j'irai à Tours porter vos remontrances de ne plus voir le feu. Si ma démarche est jugée coupable, j'en serai seul victime et le bataillon sera épargné. »

Après cet entretien, le capitaine Ledeuil s'aboucha avec ses camarades qui prononcèrent qu'en effet cette crise devait se dénouer de façon ou d'autre, sous peine de voir le bataillon se révolter. Le capitaine Ledeuil irait à Tours.

Le 6, le capitaine demandait une permission ; le 7, il prenait le chemin de fer ; le 8, au matin, il sollicitait une audience du ministre de la guerre. Un délégué le recevait, peut-être M. de Serres ? Surprise, le capitaine-d'état-major Durozet, inséparable du colonel Lipowski, était là. Le capitaine Ledeuil a un doute. M. de Lipowski a dû être informé de sa mission. Il a cherché à en prévenir les conséquences et l'a fait devancer par le capitaine Durozet.

Loin d'hésiter, le capitaine Ledeuil n'en voit que son parler dégagé de toute contrainte et expose l'état d'exaspération du bataillon qu'on semble promener à travers bourgs et villes, de nuit et de jour, ignorant jusqu'aux raisons de cette persistance de mouvements sans lien, sans suite, sans résultat que de leur ôter les occasions d'être aux prises avec l'ennemi.

Le colonel est appelé à Tours.

Il y entrait à peine, que le capitaine Ledeuil recevait cette lettre :

« Tours, **9 décembre** 1870.

« Monsieur, voulant satisfaire à vos désirs et donner droit à vos justes réclamations, je vous invite à donner votre démission dans le plus bref délai.

« Colonel Comte E. de Lipowski. »

A cette lettre, le capitaine Ledeuil répond verbalement qu'il ne donnera pas sa démission.

Autre lettre du colonel Lipowski :

« Tours, 10 décembre 1870.

« Capitaine, si vous ne donnez pas immédiatement votre démission, je serai obligé de vous faire destituer.

« Le Colonel commandant les francs-tireurs de Paris,
« Comte E. de Lipowski. »

P. S. — « N'oubliez pas, Capitaine, que de toutes les manières, vous ne comptez plus au bataillon à l'heure qu'il est. »

Le capitaine Ledeuil répondit alors :

Mon Colonel,

« J'ai l'honneur de vous informer que je refuse de donner ma démission.

« Le Capitaine,
Ledeuil, »

P. - S. — « Quant à ne plus compter au bataillon, je prends acte de votre déclaration et attends que vous régularisiez ma position par ordre ministériel. »

Peu d'instants après, le Capitaine recevait cette 3ᵉ lettre :

« Capitaine, vous garderez les arrêts de rigueur jusqu'à ce que M. le Ministre de la Guerre vous ait envoyé votre destitution. Je vous préviens que toute infraction à cette punition sera punie de prison. Toute démarche faite en dehors de la *voie légale* (sic) vous amènerait devant la Cour martiale.

« Le Colonel,
« Comte E. de Lipowski. »

Nous étions loin, on le voit, des jours où, à Moret et à Tours, M. de Lispowski ne craignait pas de risquer le sort du bataillon pour assurer le sien. Ce n'est plus d'élection aujourd'hui qu'il s'agit, et à la voix des francs-tireurs, édifiés sur la valeur de chacun, qu'il s'en remet pour confirmer cette élection. C'est la loi militaire, la démission, les arrêts de rigueur, la destitution, la Cour martiale, qui se précipitent, clament, crient, hurlent.

A ce bruit, les officiers accourent chez le capitaine Ledeuil,

qui leur lit les lettres précédentes. « Vous, démissionner ?
Vous, destitué ! Nous vous suivons tous alors. » Et, séance
tenante, les capitaines de saisir du papier pour en informer le
Colonel. C'est le capitaine Jacta qui tient le premier la plume
et qui écrit :

    « Mon Colonel,

    « Devant la menace de destitution faite au Capitaine Ledeuil, les
Commandants de compagnies, présents au bataillon, désirant conserver un bon camarade et un brave militaire, des officiers les plus
distingués... »

Tout cela est trop long et trop mou, s'écrie le Capitaine
Kastner qui bout, prend la plume et met :

    «... les Commandants de compagnies protestent formellement contre
cette mesure et sont décidés à vous présenter leur démission si cette
menace devait être exécutée. »

Et puis, plus impatient à mesure qu'il écrit, le Capitaine
Kastner jette la plume, se lève et dit : « Pas tant de salama-
lecs et d'atermoiements. Il faut que Ledeuil soit libre sur-le-
champ. Allons tous trouver le Colonel et disons-lui ce que
nous pensons. » C'était l'heure du déjeuner. Quelques officiers
remontent dans la chambre du Capitaine Ledeuil : «Le Colonel
demande que vous lui tendiez la main. — Jamais ! — S'il
vous tendait la sienne ?... — Que me conseillez-vous ? — De
céder. — Et le bataillon ? — Nous verrons après. — Je descends
avec vous. »

Ce qui avait été convenu fut fait.

En quoi, M. le commandant La Cecilia, que l'offre de la direction du bataillon au capitaine Ledeuil atteignait lui-même,
fut-il mêlé à cette démonstration si honorable et si amicale ?
Où a-t-il vu de la générosité de la part de M. Lipowski dans
cette réconciliation ? Les lettres que nous publions montrent
que le colonel tremble que le capitaine Ledeuil parvienne à
s'aboucher avec le Ministre et que c'est lui qui se soumet
devant la menace des capitaines de démissionner en masse.
Il n'eût fallu qu'une étincelle pour mettre le bataillon en l'air.
Il était sous l'impression de la surprise de la veille, à Chambord (9 décembre). Le Gouvernement de son côté, à la nouvelle de cette catastrophe, avait bondi. M. de Freycinet nous
a laissé le souvenir de l'émoi qu'elle causa. Il dit, dans *La
Guerre en Province*, page 197 : « Cette surprise, très grave
par les conséquences qu'elle aurait pu avoir, mais qu'elle
n'eut qu'en partie n'a jamais été bien expliquée... Les évène-

ments se sont pressés tellement qu'on n'a pas eu le temps d'éclaircir ce fait regrettable, qui méritait l'application des lois martiales à ses auteurs. »

Cet incident arrivait donc comme un argument en faveur des mécontentements exprimés, et le langage de M. de Freycinet permet de supposer que les entretiens du colonel Lipowski avec le Ministre, les 9 et 10 décembre, durent s'en ressentir. Il était donc habile de faire la paix avec le capitaine Ledeuil.

Aujourd'hui, M. de Lipowski a tenté de satisfaire ses rancunes, on l'a vu, en impliquant le capitaine dans l'affaire de Chambord, le 9 décembre 1870. Il est prouvé jusqu'à l'évidence, à présent, par les propres lettres de M. de Lipowski, que le 9 décembre 1870, le capitaine Ledeuil était à Tours, menacé par lui de démission, destitution, exécution.....

Minuscule !

Ce n'est pas la seule circonstance d'ailleurs où M. Ledeuil reçut du bataillon des témoignages d'estime. Le fait seul, lui, en sous-ordre, comme le dit avec esprit M. de Lipowski, le fait seul d'avoir réuni tous les documents qu'il publie dans *Les Défenseurs de Châteaudun*. et ici, parle assez haut. Ceux que peut posséder M. de Lipowski lui sont venus sur l'ordre d'avoir à les lui fournir, pendant la campagne, alors qu'il commandait. Ceux du lieutenant-colonel Ledeuil datent de plusieurs années, longtemps après le licenciement, lui arrivant comme un gage de bon souvenir et comme la preuve écrite de l'approbation à la publication *Châteaudun*, rédigée, nous l'avons dit, sous le contrôle des officiers. Et de 1871 à 1873, tant qu'il est à Paris, ne voit-on pas les francs-tireurs, officiers et soldats unis dans une association fraternelle qui leur attire les sympathies et la protection de tous ? A qui M. de Lipowski fera-t-il croire que tant de marques d'attachement seraient allées à un officier justifiant les reproches dont il charge M. Ledeuil, celui-ci n'eût-il pas eu en mains les preuves formelles qu'il oppose aux mensonges de la brochure *Ablis, Châteaudun, Alençon ?*

Le capitaine Ledeuil décoré pour sa conduite à Châteaudun

Le capitaine Ledeuil... décoré..., dites-vous, pour sa conduite... à Châteaudun ! Mais alors par qui distingué, par qui proposé ?

Par le commandant Lipowski.

Nous ne raillons pas.

Rappelez-vous *Ablis*. Le 10 octobre 1870, le commandant Lipowski propose pour une mention honorable le capitaine Ledeuil. Le 16 octobre, un décret de la délégation du Gouvernement de la Défense nationale accorde cette mention. Le 30 octobre, ladite mention est transmise par M. de Freycinet au capitaine Ledeuil. En 1896, M. de Lipowski écrit : « A Ablis… Ledeuil… pas vu. »

Passons à Châteaudun.

Dans son rapport au Ministre sur la défense de Châteaudun, M. de Lipowski dit : « Je fis commencer la retraite par les bas quartiers et la route de Courtalain, entre 7 h. 1/2 et 8 heures, laissant en ville 300 hommes environ qui, sous les ordres des capitaines *Ledeuil*, Katsner, Bouillon, des lieutenants Giquel et Planard, disputèrent chaque rue pied à pied, balayèrent à trois reprises différentes la place et les grandes rues adjacentes… L'entrain avec lequel mes hommes marchaient à ce combat de nuit doit vous être signalé. »

Il n'y a pas abondance de détails. C'est dit à contre-cœur, sous la pression des rapports que les officiers présents à ce combat de nuit lui ont adressés; mais c'est dit, et, sous la même pression, le commandant Lipowski porte le capitaine Ledeuil parmi « les francs-tireurs qui se sont battus avec une ténacité et un courage héroïques et pour lesquels il a l'honneur de demander les récompenses militaires auxquelles ils ont droit ». (Voir : Ablis, Châteaudun, Alençon, par M. de Lipowski, pages 45 et 46).

Le capitaine Ledeuil donc, était décoré le 28 octobre 1870.

En 1871, après le licenciement, M. de Lipowski plus pressé encore par la voix du bataillon de s'étendre davantage, ajoute dans les préliminaires de sa brochure « La défense de Châteaudun » (Lacaze éditeur 1871) les commentaires suivants : (page 19) « Je donnai l'ordre au capitaine *Ledeuil* de réunir tout ce qu'il trouverait de soldats isolés et de se porter au secours des défenseurs de la rue de Chartres, qui avaient affaire à des masses considérables… Ce dernier effort, tenté avec toute l'énergie du désespoir par le capitaine *Ledeuil*, fut le digne couronnement de cette journée. Il avait rallié quelques francs-tireurs conduits par MM. Kastner, Bouillon, Delaplagne, Planard, Giquel, Bazin, cherchant leur ligne de retraite. Avec 80 hommes à peu près, ces officiers prêchant d'exemple et faisant le coup de feu comme leurs soldats, chassèrent les bataillons allemands dont les masses noires débouchaient par toutes les issues sur la place. Par trois fois cette place fut balayée et l'ennemi rejeté dans les rues. On se battait sous des arceaux de flammes, etc. »

En 1871 donc, M. de Lipowski donnait une définitive consécration à la conduite du capitaine Ledeuil à Châteaudun et à la décoration qui en avait été la récompense.

En 1896, le capitaine Ledeuil... vous avez lu... sinon, lisez « Ablis, Châteaudun, Alençon ».

Mais c'est de la démence, dites-vous.

Une petite histoire, qui se rattache à cette décoration et que nous n'avons pas contée dans « Les défenseurs de Châteaudun ».

Vous avez tous vu donner une décoration. Vous avez plein les yeux encore de ce grandiose spectacle où, devant la troupe électrisée, le drapeau flottant fièrement, un brave appelle un autre brave, lui attache de ses mains sur la poitrine la croix, la croix d'honneur, et lui donnant l'accolade, sent une larme tomber ou une main broyer d'émotion sa main.

. . . .

Les capitaines Boulanger, Ledeuil et le sergent Nesnard, si nous avons bonne mémoire, viennent d'être appelés chez le colonel Lipowski. Le colonel est au lit. Il tient des boîtes. Le lieutenant Echasson rayonnant est près de lui. Ce sont vos décorations, nous dit-il. La distribution commence. Arrivé au capitaine Ledeuil, le colonel change de ton : « Ah ! vous publiez des rapports dans les journaux ». (Allusion au rapport publié dans *Le Nogentais*). J'ai bien envie de ne pas vous donner la vôtre. »

Oh ! si, si ! répliqua soudain le lieutenant Echasson, de qui M. Ledeuil était le capitaine.

Oui, voilà comment nous fûmes décorés ! Vous frémissez. Quelques-uns de vous disent : « Je serais parti, j'aurais refusé ». Mais alors, c'était donc toujours et toujours le dissentiment, la répulsion, l'émeute. Ah oui, oui, nous en avons supporté pendant cette campagne... Et il ne fallut pas moins que l'estime que nous avions les uns pour les autres entre officiers de compagnie et l'attachement de nos braves pour comprimer nos colères et apaiser les leurs.

Et d'ici, le capitaine Ledeuil envoie son remerciement au

lieutenant Echasson, dont le cri spontané lui a fait oublier un moment l'odeur fétide d'une chambre à coucher.

*
* *

Le râle

Un dernier mot au dernier râle de M. de Lipowski accusant le capitaine Ledeuil d'avoir adressé sournoisement de basses dénonciations aussi contraires à la *hiérarchie militaire* qu'à la plus simple probité.

Bien qu'il soit évident à présent que M. de Lipowski voit, en effet... les autres, jaunes, montrons une fois de plus que ses mots ne conviennent ni aux personnes, ni aux choses qu'il a en idée.

1º *Sournoisement.* Qui fut sournois, le capitaine Ledeuil, s'expliquant crânement devant le capitaine Durozet, âme damnée de M. Lipowski, et n'exposant que soi aux peines qui pouvaient en résulter, ou le capitaine Lipowski forgeant contre M. Aronshon un rapport secret qu'il envoie à Paris par des estafettes qu'il compromet, et au risque d'une dislocation du bataillon ? Qui, sournois, de celui qui doit à des influences ignorées de rester à la tête des francs-tireurs ou de celui qui, ne se séparant jamais de ses frères d'armes, n'a sollicité à aucun quartier-général aucun galon ? Qui, sournois, celui qui, 25 ans, a diffamé, ou celui qui, pendant ces 25 ans, s'est débattu contre ces diffamations ?

2º *Basses dénonciations.* Le général Chanzy dit *renseignements*, car nous supposons que M. de Lipowski fait allusion ici à la lettre qu'il publie, page 10. Le bataillon était à Patay. Un jour, les généraux Michel et Abdelal, accompagnés de leurs officiers d'ordonnance et d'un colonel anglais, viennent prendre des renseignements sur nos postes. — Le colonel Lipowski ? — Pas de colonel. Il venait de partir au trot, au quartier général, avec un peloton d'escorte, soulevant sur son passage des nuages... qui devaient bien étonner l'armée campée en arrière à Lignerolles, et si peu à son aise, elle, que le commandant Varlet (ancien capitaine du 1ᵉʳ de ligne, régiment, on s'en souvient, de M. Ledeuil), le brave commandant Varlet du 37ᵉ de marche qui fut tué à Loigny, lui écrivait : « Je n'ai pas de cheval ; si vos avant-postes font des prises, pensez à moi. Nous campons dans la boue ». Il partait souvent ainsi, le colonel. — Alors, le commandant, demande le général Michel. — Pas de commandant. — Eh bien, un capitaine, quelqu'un qui commande ici enfin. — Des officiers accourent vers le capitaine Ledeuil, lui signalant les généraux, leur impatience, leur surprise de ne trouver ni colonel, ni commandant. Le capitaine, à qui personne n'avait remis le commandement du bataillon, court cependant au-devant du général Michel, excuse **ses chefs** (!) reçoit ces Messieurs dans une salle, au fond d'un café, et sur sa carte qu'il étale sur le billard, rend compte de nos dispositions. Un point taquinait le capitaine Ledeuil. Il y avait une sorte de petit tertre, derrière lequel deux canons en position auraient embrassé un secteur immense de la plaine en avant de Guillonville, Gommiers, Terminiers. Nos postes en auraient été beaucoup soulagés et enhardis. Le capitaine Ledeuil insista pour que le général vînt visiter ce point. Le général remit à quelques jours cette visite, n'ayant que peu d'instants à lui pour le moment. Et à brûle-pourpoint :— « Dites-moi, capitaine, il paraît que de nuit, on traverse facilement vos lignes. — On traverse facilement nos lignes... Eh bien, mon général, tentez de les franchir, et si vous n'en revenez pas avec une balle dans le ventre, vous me ferez fusiller. — Diable, diable ! Comme vous y allez ! C'est bien. C'était pour vous éprouver. Je suis content. » — Nous dirons toutes ces choses plus tard, dans la 2ᵉ partie des « Défenseurs de Châteaudun » avec les détails charmants de cette entrevue. Les généraux Michel et Abdelal prirent congé. Mais la curiosité du colonel anglais était piquée. — Voudriez-vous, capitaine, me faire visiter vos positions. — Très volontiers. — Un officier d'ordonnance reste avec le colonel. Nous partons tous trois, examinons en route le fameux secteur et, à la demande du colonel qui désire voir le côté le plus exposé, partons au trot allongé dans la direction de Rouvray. Quelques centaines de mètres plus loin, des cavaliers allemands paraissent, environ une dizaine. — Chargeons ! — Oui, mais fait le colonel, je suis neutre. Eh bien, j'aurai ma cravache. — L'officier d'ordonnance tire son revolver, le capitaine Ledeuil son sabre, et tous trois prennent le galop. Est-ce l'uniforme rouge du colonel anglais qui fit croire aux cavaliers allemands à quelque apparition diabolique ? Ils s'enfuirent si vite que nous nous arrêtâmes court, confondant nos éclats de rire. Le lendemain, le capitaine Ledeuil était désigné pour relever le poste de Guillonville. C'était immanquable. Chaque fois qu'il arrivait des incidents de ce genre, on était sûr de le voir éloigner.

A peine à Guillonville, le capitaine se renseigne sur les positions occupées. Le capitaine Cohade est à Terminiers. Personne n'occupe Gommiers qui est entre les deux premières stations et où se cachent les Allemands. Le capitaine Kastner désigné pour Rouvray fait des reconnaissances comme le capitaine Ledeuil et lui écrit que Patay dans ces conditions est imparfaitement couvert. Les deux capitaines concertent de se mettre en communication avec le capitaine Cohade, de façon à relier toutes les positions entre elles. De Patay à Guillonville, il y a 6 kilomètres de plaine. Un poste de 4 cavaliers était attaché à Guillonville. Sur ces 4 cavaliers, deux étaient démontés, le 3e avait son cheval boîteux, le 4e son cheval déferré et pas de maréchal dans le pays ; d'où pas même un courrier et pas la moindre cavalerie pour les reconnaissances qu'on poussait très loin à ce moment, si loin que le général Chanzy envoyait du camp des chasseurs à cheval commandés par des officiers, avec mission de battre jusqu'à 10 et 15 kilomètres en avant de nous. A chaque passage, c'était un échange de renseignements entre ces chasseurs et le capitaine Ledeuil, qui, assailli par des partis de cavalerie ennemie, chaque jour plus nombreux, ne cessait de signaler Gommiers, de déplorer son manque de cavaliers et la privation de petites pièces légères qui auraient permis des démonstrations d'une grande importance. Vous qui approchez le général Chanzy, leur disait le capitaine, vous devriez bien lui en parler ou rappeler au général Michel sa promesse de revenir. Un jour, un de ces officiers répondit : « Pourquoi n'enverriez-vous pas une note dans ce sens au général ? » L'idée était bonne. Le capitaine Ledeuil écrivit et le général Chanzy, ne sachant pas que quand des généraux venaient pour inspecter les positions, c'était un capitaine, qu'ils trouvaient pour leur répondre, envoya la fameuse lettre, page 10, « d'Ablis, Châteaudun, Alençon » au colonel Lipowski ; lettre raide, très raide, car interprétée comme elle doit l'être, il en ressort ces trois remontrances : 1o Vous n'êtes donc pas en communication avec les détachements ? 2o Assurez vos communications ; 3o Qu'elles soient rapides et avec chaque groupe. Et pour toute signature : Chanzy. Nous publierons un jour des lettres du capitaine Kastner et du colonel Lipowski, démontrant, si on ne voulait pas de surprise dans Patay et, partant, dans le camp de Chanzy, l'urgence qu'il y avait que le général fût informé. Si faire acte de vigilance est de la basse dénonciation pour M. de Lipowski, M. de Lipowski fera bien d'emprunter ses sentences à ceux qui ont un jugement sain. Les lettres qui suivent diront le souvenir contraire qu'en avait gardé le général Chanzy, qui, à Versailles, étudia avec M. Ledeuil son *Projet de création d'Éclaireurs*, et lui indiqua la marche à suivre pour en faire un projet de loi, immédiatement discutable et applicable.

3e *Hiérarchie militaire.* — Observateur de la hiérarchie militaire, M. de Lipowski n'eût jamais été commandant et donc, ni colonel ni général. Observateur de la hiérarchie, M. La Cecilia n'eût pas davantage été capitaine, ni commandant, ni colonel. Observateur de la hiérarchie, il n'y aurait pas eu à la tête d'un bataillon de 6 à 700 hommes un colonel et un lieutenant-colonel. Observateur de la hiérarchie, le général Lipowski n'aurait pas permis que le colonel La Cecilia mît sur sa porte qu'il recevait les réclamations. Observateur de la hiérarchie, M. Lipowski n'eût pas raillé le général Tripart (Voir La Défense de Châteaudun, par M. de Lipowski, page 9) ; aurait exécuté les ordres du ministre, n'aurait pas tourné en ridicule M. Glais-Bizoin, lui recommandant un brave, M. V., ex-professeur au lycée, « qui, caporal, n'ambitionne qu'un galon de plus » (Lettre de Tours, 2 décembre 1870) etc. etc. etc. Observateur de la hiérarchie, il en aurait inspiré le sentiment et le respect aux troupes, et nous n'aurions eu ni la sédition de Tours, ni la révolte armée de Saint-Péravy-la-Colombe, ni les mécontentements que le capitaine Ledeuil dut aller exprimer au gouvernement, etc., etc., etc.

4o *Simple probité.* — La simple probité voulait que M. de Lipowski ne s'attribuât pas le plan de défense du capitaine Ledeuil ; la simple probité voulait qu'il ne déclarât pas n'avoir pas vu cet officier à Ablis, quand lui-même avait signalé sa conduite au ministre en cette occasion ; la simple probité voulait qu'ayant porté le même officier parmi les défenseurs dignes de la décoration de la Légion d'honneur, il ne vînt pas aujourd'hui accumuler contre lui des mensonges qui tombent d'eux-mêmes sous les faits et sous les témoignages produits par le capitaine Ledeuil ; la simple probité .. etc., etc., etc., pour ne pas mettre davantage les points sur les i. Mais si la simple probité voulait tout cela, la grande probité, la probité militaire, la probité patriotique ordonnait de faire son devoir en tout temps et en toute circonstance, et l'incurie consciente étant une trahison, de ne pas hésiter entre la probité simple et cette simple probité qui aurait consisté à laisser cavalcader un chef, trouver bon qu'il fût toujours le premier à battre en retraite, laissant ainsi les trois quarts d'une garnison, comme à Châteaudun, ou un quart livré au massacre comme à Varize etc., etc., etc. ; car enfin, chers lecteurs, nous cessons une discussion dont nous vous demandons pardon, mais que chacun de vous certainement aura jugée nécessaire, indispensable et d'où peuvent sortir de très utiles enseignements pour l'avenir.

*_**

Supplément de documents

(Voir « Les Défenseurs de Châteaudun »)

> L'homme sincèrement dévoué à son pays est suffisamment consolé, réconforté, récompensé par la loyale poignée de main ou le bon regard de quelques vrais amis qui l'estiment à sa valeur.
> (Discours de M. Bonvalot au bi-centenaire de Dupleix).

Le lieutenant-colonel Ledeuil conservait comme des souvenirs dont on n'ouvre l'écrin qu'en secret, pour soi, aux heures de recueillement ou de grande douleur, les documents qu'on va lire et qui s'ajoutent à ceux déjà renfermés dans son ouvrage « Les défenseurs de Châteaudun ». M. Ledeuil avait cru modeste de ne pas les y insérer. Le cynisme de M. de Lipowski le contraint de les publier. Le colonel en a d'autres, mais ceux-là trop beaux pour être répandus de son vivant. Ceux que nous donnons aujourd'hui résument les opinions intimes des braves qui ont vu M. Lipowski et M. Ledeuil à l'œuvre.

Dans son historique du bataillon, le commandant Kastner dit :

« A la suite de ces séditions et intrigues, introduire l'élection des officiers était d'autant plus inique que nous avions tous des brevets nous assimilant pour la solde et le grade aux officiers d'infanterie. M. Laurier (inspiré par qui ?) prétendait que nos hommes n'avaient point confiance dans leurs officiers. Tous furent élus à l'exception du capitaine Coltelloni et du lieutenant de Lyoën, qui devint officier d'ordonnance du général d'Aurelle de Paladine. C'est ainsi que la Délégation de Tours abusée, faillit désorganiser un des bataillons les plus braves de l'armée française, comme il l'a prouvé à Ablis, à Châteaudun, à Varize, à Alençon et dans près de 50 escarmouches. D'ailleurs le principe d'élection n'est-il point la peste d'une armée permanente, la destruction de toute discipline ? Il ne faut pas de suffrage universel dans l'armée. Des hommes aussi malveillants que Z... et X... pouvaient seuls l'ignorer..... Il manquait un chef de bataillon. Deux compétiteurs étaient en face. Les deux sortaient de l'Ecole Saint-Cyr. L'un, Ledeuil, était un militaire distingué, énergique, très intelligent, très apte au commandement, bon organisateur ; l'autre, Lipowski, ne possédant aucune de ces qualités. Le second l'emporta cependant sur le premier. Mais le vote fut irrégulier, car je n'y pris point part. J'étais en reconnaissance sur Provins et j'arrivai après le vote, très étonné de voir un nouveau chef à notre tête. » (Voir « les Défenseurs de Châteaudun » au chapitre « Coup-d'œil en arrière. »)

Le major allemand Frank dit sur Châteaudun : « Par suite d'un plan de fortification très habilement projeté, mot à mot avec connaissance de cause... » Dans la traduction qu'il en envoie au lieutenant-colonel Ledeuil, le commandant Kastner met entre parenthèses : « Comme c'est Lipowski qui commandait, il est à l'honneur, tandis que c'est vous qui avez conçu ce plan et l'avez fait exécuter. » Et plus loin : « Le major allemand Frank n'a évidemment lu que le rapport de Lipowski où celui-ci a soin de parler le moins possible de vous. On reconnaît là sa mesquinerie. Il passe sous silence le combat de la place etc. ».

« Vous jetez le manche après la cognée. Est-ce que la vie n'est pas une lutte continuelle contre les hommes et contre soi-même ?... Dans « *Châteaudun* » vous blâmez Lipowski et avec raison. Tous ces gens-là se disent : Voilà un homme qui prétend en savoir plus long que ses chefs, parce que Lipowski qui, par......................, a des créatures dans les ministères, peut à son gré *calomnier* les gens. J'ai été long à le connaître... »

(Lettre du Commandant Kastner du 13 mai 1872)

« J'ai regretté de ne pouvoir rester dans l'armée, car mon vœu était de chasser un jour l'étranger du sol où reposent les cendres de mes pères... Si jamais vous y rentrez, eh bien, alors prenez-moi pour aide de camp. Outre le français, ma langue maternelle, je sais l'allemand, l'espagnol ; j'apprends en ce moment l'anglais et l'italien. Votre aide de camp pourra donc au besoin vous servir d'interprète. Il ne me restera plus que le russe à savoir... Ce n'est que pour vous que je quitterai, si cela doit jamais arriver, l'existence de ...pékin. »

(Lettre du Commandant Kastner du 2 sept. 1872.)

« Vous avez fait bonne impression sur le général Chanzy. Ne vous laissez pas rebuter. Mettez pour un moment de côté votre timidité vis-à-vis le monde. Vous savez si bien plaire lorsque vous le voulez. Ce n'est malheureusement qu'en se remuant beaucoup qu'on arrive au but. Tâchez de faire la connaissance du général Boisdeffre, le chef d'Etat-Major de Chanzy. C'est un charmant garçon avec lequel j'étais en bons rapports à Versailles; vous n'ignorez pas combien un chef d'Etat-Major a d'influence sur un général. Si je ne connaissais pas votre répugnance pour X... je vous dirais d'aller le voir, vous seriez sûr d'y rencontrer Y... Votre caractère et votre dignité ne seraient en rien compromis. X... vous est tout dévoué et vous a en grande estime. Il voudrait nous voir officiers de la Légion d'honneur... Non-seulement les convenances l'exigent, mais c'est une faute que de négliger les gens que l'on connaît. On s'en repent toujours tôt ou tard, attendu que jusqu'à la fin du monde, les hommes seront solidaires et auront besoin les uns des autres. Je vous ennuie, n'est-ce pas, mon cher ami, de ma morale. Permettez à ma franchise et à mon attachement de vous dire ces choses. Ceux auxquels vous êtes indifférent ne vous les diront jamais. »

(Lettre Kastner de juin 1871.)

Nota. — Le lieutenant-colonel Ledeuil crut devoir ne pas céder cependant aux si amicales exhortations du commandant Kastner.

M. de Lipowski dit, page 23, de sa brochure, « La Défense de Châteaudun », édition 1871 : « Aussi *ai-je* voulu perpétuer le souvenir de la journée du 18 Octobre... Le

sculpteur Clésinger travaille pendant que paraît cette brochure... et nous irons inaugurer le monument commémo-
ratif, le jour anniversaire de cette mémorable défense, le
18 octobre 1871. »

La solennité avait eu lieu en effet, le 18 octobre 1871, mais
sans le monument et sans que le lieutenant-colonel Ledeuil
eût été non pas invité, mais même avisé. C'est que le général
de Cissey avait bien voulu honorer cet anniversaire de sa présence et qu'il était dangereux de le laisser prendre langue
avec le colonel Ledeuil. Alors, cette lettre :

« Paris-Passy, 4 novembre 1871

« Mon cher Colonel

« La statue en terre de Clésinger menace ruine. Il n'a pas
reçu un centime et ne voit même plus M. de Lipowski. Ce
qui est plus grave, l'adjoint au maire de Châteaudun vient de
lui faire des offres pour avoir eux seuls la statue. Clésinger ne
veut abandonner son œuvre à notre profit qu'à la dernière
extrémité... Sera-t-il dit que Châteaudun aura seul le bénéfice
de ce fait d'armes et que l'histoire dira bientôt que, seuls, les
gardes nationaux ont défendu leur ville et que les francs-
tireurs n'y étaient pas ou ont fui ? C'est cependant ce qui va
arriver... A qui, plus qu'à vous, mon cher Colonel, appartient-
il de se mettre à la tête de cette affaire pour la mener à bonne
fin ? Quant à moi, je me mets entièrement à votre disposition.

« F. NODIER. »

NOTA. — Le lieutenant-colonel Ledeuil va voir aussitôt
le sculpteur Clésinger qui, patriote et très ouvert, consent à
attendre que les Francs-Tireurs de Paris-Châteaudun puissent
faire l'acquisition de son monument. Mais soudain, Thiers
qui avait promis le bronze, le refuse. Et puis il faut modifier
l'homme qui couronne le fût et qui n'est autre que M. de
Lipowski en comte polonais (! ! !) Les frais dépassent dès lors
les ressources disponibles. Le projet est abandonné. — Deux
ans après, on inaugurait à Châteaudun le modeste mausolée qui
recouvre les restes des braves tombés dans la journée du 18.
L'association des Francs-Tireurs de Paris-Châteaudun avait
pu réunir 1.383 fr. 15 et les offrir à la ville immortelle comme
sa quote-part dans cette œuvre pieuse. — Plus tard, M. Isam-
bert, député de l'arrondissement, se mit à la tête d'une sous-

cription pour un monument plus grandiose. Le sergent Nodier avait été prophète. L'éminent statuaire Mercié n'avait
pas fait figurer de franc-tireur dans son groupe Les francs-
tireurs de Paris protestèrent. M. Mercié a réparé son erreur.
On espère pouvoir inaugurer son œuvre cette année.

« Il vous revient un devoir, c'est de défaire la légende...
qui s'est traduite dans le courant de cette année par un fait
officiel qui vous a peut-être échappé. Le voici. Au salon, il y
avait une assez grande toile représentant la Défense de Châteaudun par Philippoteaux. Le moment choisi est celui de la
nuit où les Prussiens massés sur la place se voient attaqués de
nouveau par les francs-tireurs... Et voilà comment on écrit
l'histoire ou plutôt comment on fabrique les légendes. A mon
avis, vous seul avez qualité pour faire rectifier cela. »

(Lettre du capitaine Colson des Francs-Tireurs de Paris-
Châteaudun).

Nota. — Le lieutenant-colonel Ledeuil fut sollicité ainsi
vingt fois de mettre un terme aux abus que quelques-uns
firent de leurs relatious dans la presse et dans les milieux
artistiques ou politiques. Autant qu'il le put, il donna satisfaction à ces plaintes légitimes. C'est ainsi qu'il excita contre
lui des animosités dont certaines ont pris le caractère de
farouches vendettas. Quels qu'en aient été les ennuis et les
meurtrissures, au nom et dans l'intérêt des veuves et des
mutilés qu'on laissait sans pension, des braves qui se mou-
raient sans récompense, il protesta contre des renommées et
des honneurs qui revenaient à de plus méritants. Des consi-
dérations de sexe l'ont empêché de faire rendre et de tirer
lui-même justice de faits caractéristiques de notre époque,
autant qu'un stigmate peut l'être de l'atteinte d'un virus, et
que la posterité déclarerait faux, tant ils sont absurdes, si le
souvenir n'en était dans cent chroniques qui en attestent
l'authenticité.

«... Vos souvenirs sur la retraite de M. La Cecilia sont
exacts et pour ma part je suis prêt à renouveler mes assertions.»

(Lettre du capitaine Colson du 7 mai 1886).

« Je vous remercie vivement, mon cher colonel. Vos réflexions sur le bataillon sont parfaitement justes... Mais je

crois à votre étoile, vous n'avez pas dit votre dernier mot...
Vous, dont je connais l'admirable esprit de corps... »

(Lettre du commandant Boulanger des Francs-Tireurs de
Paris-Châteaudun — Août 1885).

Je sais du reste que vous pouvez prendre pour devise :
« *Je ne lâche pas*, » ... En bon chef de corps, vous donnez
de l'espoir à vos troupes et je sais qu'en excellent camarade
que vous êtes... »

(Lettre du commandant Boulanger — 1885).

« Je sais, mon colonel, avec quelle énergie et quel dévouement vous vous occupez de nous tous, aussi je m'en rapporte
à vous...

(Lettre du commandant Boulanger — Sept. 1880).

« J'ai vu quelques nominations dans la Légion d'honneur
distribuées à des personnes qui avaient été à Châteaudun...
et qui ne s'y sont pas battues... Aucun de ceux que vous
avez proposés n'a été nommé, ce qui me paraît exorbitant...
Je ne doute pas que vous ne finissiez par percer, car un
homme de votre trempe ne peut pas ne pas servir son pays...
Ecrivez-moi donc, ne serait-ce qu'un mot. Si vous saviez
combien vos lettres me font plaisir... Il faut travailler, étu-
dier, de manière que si nous arrivons, nous ne soyons pas
des ineptes, des songes creux. Bonjour aux braves.

(Lettre du commandant Kastner — 1872).

« Dites-moi une de ces bonnes paroles dont votre cœur
est rempli... »

(Capitaine Jacta, décembre 1870).

« Votre lettre m'a profondément ému. Les excellentes
paroles qui y sont contenues me touchent d'autant plus
qu'elles m'arrivent de vous. Merci, mon cher colonel, votre
lettre m'a réconforté. »

(Lettre du lieutenant Scheffter, 5 novembre 1873).

« Au colonel Ledeuil, qui a fait l'honneur de Châteaudun
et a si bien guidé les enfants de Paris. »

(Dédicace du lieutenant Bazin — Octobre 1881),

« Je ne saurais jamais avoir assez de reconnaissance pour

vous. Aujourd'hui, comme par le passé, je me plais à reconnaître que vous êtes toujours le père de vos soldats. »

(Lettre du franc-tireur Brabant — Septembre 1880).

———

« ... Quand j'aurai le plaisir de vous voir, je vous dirai *carrément* tout, et même j'ai prévenu que je tenais beaucoup à lui présenter mon colonel. Vous voyez que je n'ai pas de défiance et n'en ai jamais eu et n'en aurai jamais pour vous... Quant à X..., son affirmation à ma barbe que c'était faux lui sera crachée par moi au visage, s'il ose encore venir me voir... S'il vous fallait la date exacte, je vous la donnerais. Encore une fois mon cher Monsieur Ledeuil, merci ! »

(Lettre du capitaine Laumaunier, décembre 1886.)

———

Paris, le 26 mars 1881.

« Au Colonel Ledeuil,

« Monsieur le Président,

« Nous avons l'honneur de vous accuser réception de la lettre par laquelle vous nous remettez votre démission de président et de membre de l'Association des Francs-Tireurs de Paris-Châteaudun.

« L'assemblée vivement émue à la lecture de votre lettre, a décidé à l'unanimité et sans distinction qu'elle ne pouvait l'accepter.

« En conséquence, nous vous prions instamment de vouloir bien renoncer à votre détermination et de revenir parmi nous. Nous vous serons bien reconnaissants de vouloir bien oublier les motifs pour lesquels vous avez cru devoir démissionner et vous pouvez compter sur notre dévouement à tous.

« Au nom des 27 membres présents, nous avons l'honneur de vous présenter nos hommages respectueux.

« Les membres du Comité,

« Milius (1), Hainselin (2), Cuchet (1), Durand (3), Nesnard (4) »

———

« Mon cher Colonel,

« J'ai reçu la lettre par laquelle vous m'informez que vous reprenez votre démission. J'en suis personnellement très enchanté et je puis vous assurer que nos braves francs-

———

(1) Ancien sergent, (2) franc-tireur, (3) ancien lieutenant, (4) ancien sergent, décoré à Châteaudun.

tireurs seront très heureux de vous revoir parmi eux et à leur tête. Ils étaient vraiment consternés lorsque je leur appris la mauvaise nouvelle, et ceux qui avaient eu le plus de torts ne furent pas les derniers *à refuser* votre démission.

Revenez donc et sans arrière-pensée au milieu de ces braves. Il y a de nobles cœurs sous ces enveloppes abruptes. D'ailleurs, soyez assuré que vous êtes vraiment aimé par eux.

« Paris, 30 mars 1881.

« MILIUS. »

NOTA. — En 1880, le lieutenant-colonel Ledeuil avait cherché à réunir de nouveau les francs-tireurs de Paris-Châteaudun survivants en association. (Voir *Les Défenseurs de Châteaudun*, page 134, Fraternité d'armes). Cette association dura un an. Les francs-tireurs avaient repris contact et s'étaient rendu mille services réciproques. Le général Chanzy, à la sollicitation de M. Ledeuil, avait accepté leur présidence d'honneur. Les dépits, les haines dont nous avons fait entrevoir l'origine, en avaient pris de la recrudescence. Certaines réunions dégénéraient en séances de club, dans lesquelles M. Ledeuil ralliait toujours une grande majorité, mais comme l'association n'avait pas été fondée pour servir de tremplin aux convoitises, ni de tribune à des manœuvres politiques, il démissionna. Rappelé par le vœu de l'assemblée qu'on vient de lire, le colonel reprit cordialement la direction de cette œuvre de fraternelle assistance entre des Français qui s'étaient aimés et estimés aux jours d'épreuves et de dangers. Les discussions renaissant, il se retira définitivement avec la conscience d'avoir donné de lui tout ce qu'il pouvait aux braves qu'il avait eus pour compagnons d'armes.

Deux lettres prises au hasard dans le dossier de cette deuxième association, diront mieux que toutes les paroles le bien qu'il y avait à accomplir, à mesure que l'âge venait arrêter les bras du travailleur et raviver ou rouvrir les blessures du champ de bataillle.

« Paris, le 11 octobre 1881.

« Mon cher Colonel

« Dimanche, j'ai reçu la visite de mon ex-lieutenant Gérardin. Il m'a raconté son histoire. Elle est navrante. C'est pour cela que je vous écris. Depuis cinq mois il est paralysé du côté droit, donc incapable de faire aucun travail et cependant à bout de ressources. Il a écrit à l'Assistance publique. Il n'a rien obtenu, mais on lui a dit qu'en faisant les démarches nécessaires il pourrait entrer dans une maison de vieillards d'ici 3, 4 ou 5 ans ! Jusque-là il a le temps de mourir de faim et de misère. Un ex-officier de francs-tireurs de Paris-Châteaudun, décoré de la médaille militaire, sur le point de mourir de faim ou de se faire sauter la cervelle ! Donc, mon cher colonel, si vous pouvez lui envoyer un secours et lui faire trouver une place de gardien, de concierge, de garçon de bureau, etc., etc.

« J. Devèze. »

Nota. — L'Association se porta aussitôt au secours du vieil et si estimable grognard et obtint pour lui du ministère de la guerre une indemnité supplémentaire.

« Vitry-le-Français, 24 janvier 1881

    « Mon Colonel,

« .....J'ai pu me rendre compte de l'intérêt que vous portez à l'ancien corps dans lequel je suis heureux d'avoir figuré. Je ne puis, sans un élan du cœur, relire les affaires auxquelles nous avons pris part et où je n'ai cessé d'assister. Celle d'Alençon, entre autres, me laisse un éternel souvenir. C'est dans ce combat que je fus blessé au pied droit et transporté du champ de bataille à l'hôpital de ce lieu ; blessure qui m'a rendu impotent et qui, loin d'atteindre sa guérison, ne fait que s'empirer. J'ai même été l'objet dans cette dernière affaire d'une proposition pour la médaille militaire. Mes états de services en font foi. Père de 4 enfants en bas-âge, je n'ai pour toutes ressources qu'une modique gratification renouvelable de 180 francs. Je me verrais immédiatement enlacé par la misère si je n'étais de temps à autre assisté, soit de la ville, soit de personnes charitables. A l'aide de mes bras, j'arriverais certainement à pourvoir à la nourriture et à l'entretien de mes enfants ; mais dès que je me livre à un travail soutenu, ma blessure s'ouvre, suppure et m'alite pour plusieurs jours. Voilà ma situation.

« Par deux fois différentes, j'ai été proposé pour une pension de retraite à titre de blessure. La commission spéciale de Châlons-sur-Marne, comptant sur la guérison, ne m'accorda qu'une gratification renouvelable. Plus tard, quoique ayant fait usage des eaux de Bourbonne-les-Bains, elle en constata l'incurabilité et revint sur sa première décision. C'était au mois de novembre 1878. Je fus de nouveau proposé pour une pension. Mais les délais étaient expirés pour les blessés de 1870-71...   « Alfred Roussel. »

Nota. — Même devant ces cris d'angoisse, les orgueils froissés acharnés à désunir les membres de la deuxième association, ne désarmèrent pas. Combien depuis auraient eu des paroles, des subsides, un appui qui auraient relevé leur courage et qui sont morts peut-être souffrants, misérables, abandonnés, la bouche aux blasphêmes et le cœur aux malédictions.

Buzancy, 1880.

« Mon cher Monsieur Ledeuil,

« Je n'ai oublié ni les circonstances difficiles que nous avons traversées ensemble ni votre dévouement pendant la campagne sur la Loire. Je me suis donc empressé d'écrire à M. W.. . pour appeler son bienveillant intérêt sur votre demande. Je serai très heureux d'un bon résultat que j'espère.

« Veuillez agréer, je vous prie, l'expression de mes meilleurs sentiments.

« Général CHANZY. »

Nota. — Il n'y eut pas de résultat.

Buzancy (Ardennes), 15 octobre 1880

« Mon cher Monsieur Ledeuil,

« Je suis très touché du souvenir que me conservent les braves francs-tireurs de Paris Châteaudun, dont l'histoire est si intimement liée à la 2e armée de la Loire. Veuillez leur en exprimer toute ma reconnaissance, en même temps que le regret que j'éprouve de ne pouvoir assister à votre banquet du 18 de ce mois. — Retenu ici par des affaires que je suis obligé de terminer avant mon départ pour la Russie, je ne pourrai être à Paris qu'à la fin de ce mois.

« Veuillez agréer, je vous prie, mon cher Monsieur Ledeuil, l'assurance de mes sentiments affectueux.

« Général CHANZY. »

Nota. — M. Ledeuil relatera dans la 2º partie des *Défenseurs de Châteaudun* les incidents qui empêchèrent le général Ladmirault d'autoriser le banquet que le Lieutenant-Colonel voulait donner en 1871, en l'honneur des blessés du bataillon. Les présidents du banquet étaient le général Chanzy, Gambetta, Vautrain, président du Conseil municipal de Paris, et le comte de Flavigny, président de la société de secours aux blessés de terre et de mer. Malgré l'aimable et pressante intervention du comte Sérurier, représentant M. de Flavigny empêché, le général Ladmirault ne crut pas devoir céder.

Clermont-Ferrand, 28 août 1887.

Mon cher Colonel,

J'ai lu dans le *Spectateur militaire*, votre travail sur l'organisation d'un *Corps d'Eclaireurs* et il me suffit de me rappeler combien souvent la sécurité de nos troupes devant l'ennemi a été assurée d'une manière insuffisante pour applaudir de nouveau à vos efforts et *à votre persévérance*. Je ne puis malheureusement rien, vous ne l'ignorez pas, pour faire passer vos idées dans la pratique. Je dirai même plus. Je ne puis les appliquer dans mon corps d'armée pendant les manœuvres, devant évidemment me renfermer dans la stricte observation des règlements ; on serait en droit de me dire en effet que les manœuvres ne sont pas un champ d'expériences, mais la consécration des théories existantes.

« Il n'en est pas moins vrai, mon cher Colonel, qu'il est très désirable de réaliser des progrès dans la voie que vous avez tracée. Encore une fois tous mes compliments, sentiments bien affectueux.

« Général Boulanger. »

*
* *

Regrets et hommages

Et maintenant tous sont morts, tous ceux que j'aimais et qui m'aimaient. Le général Schramm est mort; le général Crémer mort : le général Plombin, le général Decaen, le général Lafont de Villiers, morts; le maréchal Niel, mort; et Jauréguiberry et Chanzy et Boulanger, morts. La France a perdu ces loyales figures, ces énergiques soldats, ces hardis et intelligents capitaines.

Le jour n'est pas loin peut-être où ma cendre s'ajoutera à celle de ces chefs vénérés. Je m'étais promis de consacrer à chacun une page digne d'eux. Le temps marche trop vite. La vie a trop de soubressauts. Que si je ne peux remplir ce vœu au gré de mon désir, je ne meure pas cependant sans avoir donné à leur mémoire quelques mots d'hommage intime. On connait les guerriers. Voici les hommes.

Avec le général Schramm, indulgent et bon pour ses petits cadets, nous causions évolutions. Il revenait avec plaisir à ses mouvements dits *à tiroirs* et surtout à la charge à la baïonnette et, lorsque entraîné par sa propre ardeur je chargeais, il me disait d'un ton si pénétrant: « oui, on doit aimer sa patrie».—Le général Crémer fut l'ami intelligent, intrépide, ayant le coup-d'œil et l'esprit militaires; il eût pu être un Marceau. —Le général Plombin, mon colonel du 1er de ligne, un vaillant de nos guerres d'Afrique, devant ma ténacité à ne pas lui céder, me mettait à la porte et ausssitôt me rappelait dans les escaliers, voulant que je fume un cigare avec lui, ce qui était sa manière de dire que j'avais raison; pauvre père trop cruellement éprouvé dont je consolais la douleur en pleurant avec lui sa fille, son petit ange envolé. — Le général Lafont de Villiers était homme du monde autant que général. Limoges doit avoir conservé son souvenir. — Le général Decaen était plus nerveux, très-sec parfois. Je lui parlais avec une franchise qui le faisait sourire. J'allai même, un jour d'inspection des Ecoles dont j'avais la direction, jusqu'à prendre une colère bleue. Un commandant me contestait un fait du règne de Louis XV. Ah! le beau tapage! Le général Decaen me serra la main et recommanda au ministre de la guerre un rapport où je demandais qu'on fît des enfants de troupe une pépinière de sous-officiers et non toujours des tambours et fatalement des fifres. Le général Decaen faisait sur les troupes une impression profonde. Les jours de revue, quand il paraissait, saluant, au galop de chasse de son cheval, un frisson de baïonnettes courait les rangs de la droite à la gauche de la ligne de bataille. Chacun se redressait. Pourquòi la mort l'a-t-elle frappé! Nos destins auraient changé. — Quant au maréchal Niel, c'était un Decaen plus froid, plus doux. Je devais être son officier [d'ordonnance, à Toulouse, quand je pris ma démission. Aux soirées qu'il donnait, il daigna souvent parler au jeune lieutenant avec cette bonté exquise, touchant presque à la déférence, qu'ont seuls les esprits vraiment supérieurs. Un jour', ou plutôt un de ces soirs-là, après un repas de corps qu'il nous avait offert, me prenant à partie d'un air enjoué : « Lieutenant, me dit-il, je vous provoque au billard. » Et nous voilà en grande tenue, lui l'épée, moi le sabre au côté, à déployer nos talents. Novice que j'étais! Le maréchal, sur 30 points, me laissa à 10. Il m'offre ma revanche à l'écarté et me gagne une belle et large pièce de cinq francs, qu'il met en riant dans son porte-monnaie, à titre de souvenir des deux leçons qu'il vient de me donner. Heureux, et bien puissants, sont ceux qui possèdent ces charmes de grand seigneur.—L'amiral Jauréguiberry, alors qu'il était ministre de la marine, tint envers moi la parole que m'avait rapportée son officier d'ordonnance.—On a vu en quels termes affectueux m'écrivait le général Chanzy. J'ai d'autres lettres de lui, que je publierai plus tard avec d'autres encore du général Boulanger que je trouvai toujours bienveillant, malgré que je fisse souvent opposition à ses vues politiques.

Tous ces grands cœurs ne sont plus !

Heureusement, deux restent à mon dévouement et à mes respects. L'un, le général Billot, que je n'ai jamais eu l'honneur d'approcher, mais à qui le caractère et la valeur qui le distinguèrent pendant l'invasion m'ont attaché, on l'a vu, depuis 1871, et qui, ministre aujourd'hui, à un âge où tant d'autres se sentiraient faiblir, se consacre au relèvement de nos forces; illustre vétéran, montrant à la jeune France sous les drapeaux ce que peuvent le sentiment de l'honneur et l'amour de la patrie.

L'autre est un vaillant aussi, que les années n'ont pas abattu davantage et dont la main ne tremble que d'impatience de ne pouvoir tirer son épée du fourreau pour la délivrance de son pays. C'est lui qui, de son château de Xonville, réveille parfois les échos messins et, face aux trophées du vainqueur, qui a dressé, une nuit, une image terrifiante pour les sentinelles allemandes, l'image d'une Jeanne, la statue d'une vierge qui leur dit : France et Lorraine ! A ce soldat, à ce patriote, les francs-tireurs de Paris sont liés par l'estime et la reconnaissance. A une époque où le nom de franc-tireur suffisait à faire fermer les portes et jeter le cri de fou furieux, sinon de bandit; en 1871, 1872, 1873, alors qu'il était gouverneur de Paris, le général de Geslin prit sous sa protection les défenseurs de Châteaudun. Lui-même accompagnait nos blessés aux visites des Commissions. A son appui et à la sollicitude du comte de Flavigny, vingt blessés doivent de ne pas être tombés d'inanition et d'avoir été inscrits pour des pensions.

Puissent, amis et lecteurs, ces évocations et ces chevaleresques figures vous faire oublier comme à moi qu'avant eux nous avions vu de tout autres portraits.

PAGES EXTRAITES DES « DÉFENSEURS DE CHATEAUDUN »

La Journée du 18 octobre 1870

Dépêche du capitaine Ledeuil.

Capitaine Ledeuil à Guerre, Tours.

Brou, 19 octobre, 2 h. 45 du matin.

Siège soutenu à Châteaudun, de midi à dix heures du soir, contre infanterie, artillerie et cavalerie. Jusqu'à six heures, victoire complète sur tous les points. A 6 heures une barricade tournée, Prussiens sur la place de l'Hôtel-de-Ville. A 9 heures, place reprise par nous. A 10 heures, ralliement de 300 hommes et retraite en bon ordre. *Pas de nouvelles du commandant parti à 8 heures.* Je me dirige sur Nogent-le-Rotrou.

Edouard LEDEUIL.

Réponse du ministre de la guerre.

A 8 heures du matin, le 19 octobre, le capitaine recevai cette réponse :

Guerre à capitaine Ledeuil, Brou.

(N" de départ, 481. — Nombre de mots, 36. — Reçu par Chartres, fil n" 3, à 7 h. 45. — Nogent de Tours, le 19 octobre 1870).

Ralliez-vous à Nogent-le-Rotrou, et faites-moi un rapport de l'affaire de Châteaudun. Envoyez en même temps les rapports des *autres chefs* de francs-tireurs qui *auront rejoint.*

*
* *

Cette dépêche donnait au capitaine Ledeuil les pouvoirs suffisants pour demander compte au commandant de sa retraite. C'était un scandale retentissant après une journée si glorieuse. C'était pour la quatrième fois le corps livré à des discussions, à des dissensions. Le capitaine crut voir l'intérêt supérieur de la défense du pays à garder le silence. Quand donc le commandant Lipowski rejoignit, par ordre, à Nogent-le-Rotrou, le capitaine Ledeuil le laissa recueillir les rapports des officiers, mais se réserva d'adresser directement le sien au ministre.

Combat de Châteaudun.

On lit dans *Le Nogentais* du 27 octobre 1870 (1).

Le combat de Châteaudun comptera parmi l'un des plus glorieux faits d'armes de la guerre. Aussi sommes-nous heureux de publier le *Rapport officiel* adressé au gouvernement par le capitaine Ledeuil, l'organisateur de cette brillante défense. C'est un titre précieux à insérer dans les archives de la malheureuse cité.

Voici ce rapport que nous regrettons, faute de place, de ne pouvoir accompagner du plan qui le complète.

(Le Nogentais).

Rapport officiel.

« Nogent-le-Rotrou, le 21 octobre 1870.

« A Monsieur le Ministre de la guerre,

« Monsieur le Ministre,

« J'ai l'honneur de vous adresser le rapport circonstancié de la bataille de Châteaudun, comme votre dépêche du 19 octobre m'y invite.

« Le bataillon à peine rallié à Châteaudun, après l'*affaire d'Ablis* (9 octobre), nous apprenions dans les journées des 11 et 12, que l'ennemi poussait des excursions dans notre direction, incendiait les villages et menaçait la ville.

« Le 13 au soir, renforcés d'un escadron de cavalerie et de deux compagnies de gardes mobiles, la défense de Châteaudun avait été aussitôt résolue. Quelques dispositions avaient été prises déjà dans la journée du 12, lorsque, vers 8 heures du soir, le bruit s'accrédite d'un corps considérable s'avançant à travers champs.

« L'ordre est donné de se replier sur Courtalain, mais l'alerte était fausse.

« Le 13, nous rentrions à Châteaudun.

« Le 14, revenaient à leur tour cavalerie et mobiles qui étaient allés coucher à la Bazoche.

« Dès ce moment, il fut arrêté que les francs-tireurs de Paris défendraient Châteaudun, dût le bataillon s'y ensevelir.

*
* *

« Chargé par le commandant Lipowski d'organiser la dé-

___

(1) Article reproduit par *La Sarthe* du 31 octobre et par nombre de journaux de la région et du midi.

fense avec le concours de MM. les capitaines *Durozet*, *Boulanger* et *Kastner*, deux plans se présentaient :

« Ou faire deux enceintes de fortifications, à l'intérieur et à l'extérieur ;

« Ou se barricader seulement *intra muros*.

* *

« Le premier plan consistait à s'appuyer : à *gauche*, sur la gare et la maison E (carrefour du chemin de Châteaudun à Sancheville et du chemin de Gironville) avec barricades A, A, sur la route de Bonneval n° 10, et sur le boulevard Grindelle, en prenant l'abattoir comme redoute avancée ; à *droite*, sur les ponts du chemin de fer B, C, D, commandant toute la plaine en avant et à occuper, au centre, la ligne du chemin de fer de A en D.

« Pas une pièce n'aurait pu être mise en batterie par l'ennemi sans être démontée aussitôt ; pas un rassemblement d'infanterie ou de cavalerie possible sous nos feux de peloton, sans des pertes immenses.

« Au *midi*, pour parer au mouvement tournant vers la droite, la caserne devait être défendue par 60 hommes, une barricade s'élever en F (rue du Bel-Air), une en G (rue Loyseau). La *cavée des Religieuses* et la *cavée de la Reine* devaient sauter, des abattis être faits *ancien chemin de Cloyes* et *chemin de la Bretèche*, la *ferme des Récollets* être occupée par nous, ce point d'autant plus défendu qu'il couvrait notre ligne de retraite.

« Le *Nord* était inexpugnable, fortifié qu'il est naturellement par les deux bras du Loir et les pentes de la ville de ce côté, avec positions dominantes des maisons, de la promenade du *Mail*, des diverses descentes et du château de Luynes.

« Quelques coupures dans la rue des Fouleries, depuis le moulin de la Boissière jusqu'au pont Saint-Médard, suffiraient pour en faire des *Thermopyles*.

« Ainsi protégés, nous attaquer de front était dangereux, nous tourner par la gauche impossible, nous tourner par la droite très difficile. La défense était donc très belle, surtout à considérer les travaux de la deuxième enceinte dont je parlerai tout-à-l'heure.

« Mais ces deux enceintes exigeaient :

1° 2000 hommes de garnison — nous n'étions que 700 — cavalerie et garde mobile nous avaient quittés le 17.

2° Une exécution rapide, l'ennemi étant proche, et ni les

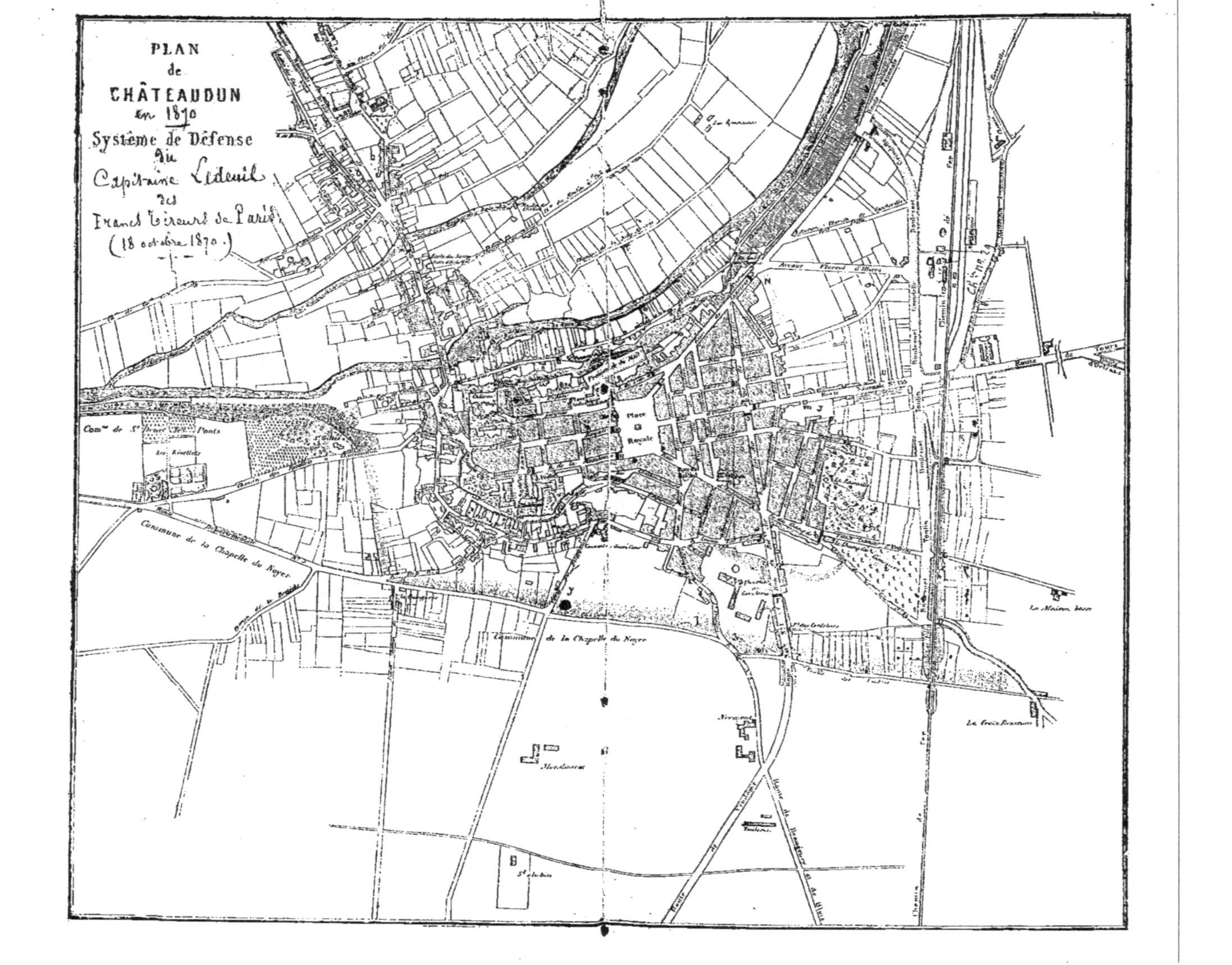

PLAN
de
CHÂTEAUDUN
en 1870
Système de Défense
du
Capitaine Lideuil
des
Francs Tireurs de Paris
(18 octobre 1870.)

rares matériaux ni le petit nombre de travailleurs mis à notre disposition ne nous permettaient de l'obtenir.

« Je me résignai, à regret, à barricader seulement l'intérieur, sous réserve de profiter de tous les répits pour combiner les deux systèmes — et d'achever la défense entière si le temps me le permettait.

****

« L'armée ennemie devait se présenter de front sur la *route de Tournoisis* n° 155 (route d'Orléans) et tenter de nous tourner par notre droite, le point faible.

« Deux lignes de retraite étaient à garder : une par le chemin des Récollets sur Courtalain ; l'autre derrière le Loir, sur Marboué et les marais de la Conie.

« En conséquence, des barricades furent établies dans les trois artères donnant accès sur la place de l'Hôtel-de-Ville (notre réduit), rue d'Orléans, rue de Chartres, rue d'Angoulême, n°^{os} 1, 2, 3 — 4 et 5 battaient la rue du Bel-Air.

« A partir de la barricade 1, tout le côté gauche de la rue d'Orléans ayant des issues dans les champs devait être obstrué, les chemins de Grindelle et n° 29, ainsi que le chemin de fer coupés et embarrassés de chaque côté.

« Le réduit serait protégé par les barricades 7, 7, 9, 10, 11.

« Divers obstacles et autres petites défenses embarrasseraient l'ennemi de façon à l'obliger à se présenter partout de front ou à détruire les abattis sous notre feu.

« Au midi, barricades F, (rue du Bel-Air), quartier de cavalerie, barricades G (rue Loyseau), L (en avant des rues Bourbeuse et Saint-François) obstacle H, (dans ces rues) redoute Y (au haut de la cavée des Religieuses) et mur crénelé (de I en Y) avec obstacles aux cavées garantiraient notre aile droite contre un mouvement tournant.

« Le mouvement tournant par notre aile gauche était paré par 5 coupures profondes et des abattis au moulin de la Boissière, à toutes les descentes (Gué aux chevaux, Levrette, du Mail, de Saint-Pierre) ; paré encore par les barricades 2 (rue de Chartres) 8, (rue Galante), 6 (rue Lambert-Licors) 7, 7, (rue du Lion-d'Or et rue de Chartres).

****

« Malheureusement nous n'eûmes qu'un concours insuffisant pour ces travaux qui, vu la présence de l'ennemi, demandaient 500 travailleurs pendant 3 jours ; c'est à peine si nous en avons réuni 100.

« Malheureusement encore, l'ordre de quitter Châteaudun, arrivé le 16 au soir, nous fit interrompre nos travaux devenus inutiles.

« Le 17, nous les reprenions, mais sans tant d' activité toujours sous le coup d'un départ prochain.

« Le soir du 17 enfin, nous savions que nous pouvions défendre la ville ; des renforts de mobiles nous étaient annoncés. (Ils ne vinrent pas).

« Toute cette nuit et la matinée du 18 furent aussi bien employées que possible.

« Mais les deux tiers de la défense étaient seuls achevés et les numéros venaient d'être donnés, dans une reconnaissance générale à chaque poste, quand l'ennemi est signalé.

« Il était midi.

« Chacun de se réunir à la sonnerie du clairon et de courir occuper une position.

« Cette arrivée soudaine de tout un corps d'armée, la grande étendue de la ligne à couvrir obligèrent de mêler les compagnies et de ne garder comme réserve, sur la place de l'Hôtel-de-Ville, qu'une soixantaine d'hommes sous le commandement de M. *La Cécilia*.

« Le siège commença par un obus tiré sur l'Hôtel de Ville.

« Pendant une demi-heure, l'artillerie seule fit feu, ne visant qu'à détruire et à incendier les maisons. C'était donc la fausse attaque prévue pour diriger le gros des forces sur nos ailes et principalement sur notre droite, à cause : 1º de quelques fourrés ou l'ennemi pouvait se dérober ; 2º de la faiblesse réelle de ce point plus à découvert ; 3º de l'espoir de nous y couper la retraite.

« Bientôt en effet, la mousqueterie s'acharna sur les trois faces à la fois.

« Aux barricades 1, 2, 3, (capitaines *Durozet, Jacta* et *Bouillon*), toutes les tentatives de l'infanterie furent vaines. Nos feux, faits avec calme, précision, à bout portant, au commandement des officiers, couchaient par terre nombre d'ennemis à chaque assaut.

« De bons tireurs aux fenêtres portaient dans leurs rangs la mort et la peur.

« La retraite à laquelle l'ennemi fut forcé de cette façon, *après deux heures de combat*, le décida à accentuer davantage son mouvement sur notre droite où se trouvaient les 3e et 5e compagnies commandées par MM. le capitaine *Boulanger* et les lieutenants *Chabrillat* et *Echasson*.

**

« A deux heures environ, le général prussien passant sous le feu des barricades des rues Champdé, Bel-Air et Loyseau, mettait en présence de la redoute, des cavées et des vignes avoisinantes, 3 ou 4 pièces d'artillerie, 4 bataillons d'infanterie et 3 escadrons de cavalerie.

« L'attaque sur ce point a été la plus vive et la défense la plus belle. Les obstacles et les barricades n'avaient pu être terminés, le pays y est découvert.

« Les officiers qui ont dirigé le feu sur cette étendue de terrain ont montré là une bravoure, une intelligence remarquables. Le capitaine *Boulanger* a franchi sa barricade sous une grêle de balles et, avec quelques hommes, forcé l'ennemi de reculer sa ligne d'opérations. Il a été brûlé jusqu'à cent cartouches par homme.

« La cavalerie prussienne qui avait attaqué, a dû laisser la place à l'infanterie qui, elle-même, a été repoussée, quand cependant son tir se croisait avec celui de l'artillerie, acharnée à déloger ces combattants qu'on peut dire héroïques.

« Leur petit nombre les oblige un moment à se rapprocher et me fait songer à protéger l'intérieur en établissant des obstacles et un poste dans la rue de la Madeleine et au pied du palais de justice.

« Mais bientôt un renfort, pris aux barricades de la rue d'Orléans et de la rue du Champdé pouvant leur arriver ce sont eux qui, de 3 heures jusqu'à 6 heures, obligent alors les trois armes, artillerie, infanterie et cavalerie, à éteindre leur feu et à se retirer.

« M. le lieutenant *Echasson* était encore à 10 heures du soir à son poste avec une vingtaine d'hommes. Son rapport montre d'ailleurs la fermeté, le courage et l'intelligence qu'il a mis au service de la patrie dans cette mémorable bataille.

« Quant à l'attaque sur notre flanc gauche, elle fut moins pressante jusqu'à 4 heures. C'était comme aux barricades de la rue d'Orléans, de la rue d'Angoulême, de la rue du Bel-Air, de la rue Loyseau et de la caserne (capitaines *Cohade* et *Kasiner*), efforts vains de la part de l'ennemi.

« Nos francs-tireurs de Paris, mêlés de francs-tireurs Nantais, de francs-tireurs de Cannes et de gardes nationaux de

Châteaudun, attendaient les pelotons d'infanterie prussienne presque en se riant.

« La bataille dura ainsi jusque vers six heures, le canon tonnant toujours, la fusillade redoublant par intermittence, l'incendie mis par des obus éclatant sur cinq ou six points à la fois.

« Victorieux partout, les officiers nous envoyaient demander... des cartouches.

« Nos soldats improvisés avaient une profonde douleur de voir tomber leurs camarades blessés ou tués, mais sans être ébranlés un moment dans leur courage.

*\
*

« Par quelle fatalité a-t-il fallu qu'une barricade soit tournée, celle de la rue Galante — et qu'une barricade qui devait sauver tout, ne soit pas construite, la barricade nº 7, 7 ?

*\
*

« Enfin, il fallait revenir à la charge, déloger l'ennemi de la maison d'où la banquette de la barricade de la rue Galante était enfilée et reprendre la position. Un renfort de 30 hommes est pris sur la réserve et l'on part.

« Au même moment, de la Cavée de la Reine, nous arrive encore la demande d'un soutien, sinon qu'on est près de céder de fatigue, devant de nouvelles troupes qui s'approchent massées.

« Le reste de la réserve part sous les ordres de MM. *La Cecilia* et *Marcelli*.

« Il ne restait plus un seul homme à donner.

« Sur le cri que notre retour offensif à la barricade de la rue Galante avait échoué et que la barricade de Chartres, tournée du même coup, se repliait, je pars chercher du secours aux barricades des rues Bourbeuse et Saint-François, faisant avertir en passant le capitaine Bouillon de me tenir des hommes sous la main.

« Mais personne n'était plus dans le voisinage de la caserne. Dans le chemin en avant la rue Saint-François, un grand tapage avait lieu. Il faisait nuit noire. A mon cri de : « Qui vive ? » les jurons seuls d'Allemands se coupant les pieds sur le verre cassé répandu sur une étendue de 5 mètres environ, répondant, j'eus l'idée de faire feu de mon revolver ; mais j'étais seul, avec un franc-tireur (le vaguemestre Chancerel), que j'avais prié de me suivre en route, et si j'étais pris, ma mission manquait. J'arrêtai donc mon premier mouvement, et remontant par la rue de Blois vers l'Hôtel de Ville, je rencontrai le capitaine Bouillon avec quelques hommes. En même temps, arrivait M. Kastner avec une petite troupe.

« En assez grande force alors pour parer à tous événements, nous avançons, du coin de la rue du Sépulcre, par le haut de la rue d'Angoulême, sur deux files, à droite et à gauche, le long des murailles. Une masse noire se dessinait et débouchait de la rue de Chartres. Un cordon noir entourait la fontaine. C'étaient les Prussiens qui, en mon absence, s'étaient avancés par la rue de Chartres et avaient pris possession du réduit. Je fis avancer tout mon monde, sauf quelques hommes en observation, au bas de la rue de Blois, le feu éclata au chant de la Marseillaise. Un quart d'heure environ dura l'engagement, sans que nous ayons réussi à chasser les assaillants.

« Une seconde tentative échoua également.

« Alors, fut entrepris ce mouvement de les mettre entre deux feux, par la rue d'Angoulême avec M. le capitaine Kastner — et par la rue d'Orléans avec moi. Cette manœuvre eut un plein succès. Les Prussiens s'enfuirent. C'est là que je remarquai M. le lieutenant *Planard*, frappé d'une balle à mes côtés, et M. le lieutenant Delaplagne qui, s'étant avancé seul sur la place et étant tombé aux mains de quatre Prussiens, s'en est dégagé en en tuant un et en essuyant le feu des trois autres. Je citerai aussi pour leur courage et leur sang-froid, le sergent *Laumaunier* et le franc-tireur *Bocquet*.

« Quant au capitaine *Kastner*, il est partout le même, intrépide et entraînant. C'est lui qui, voyant les pelotons prussiens céder, les poursuivit de son feu et traversant la place, en purgea la rue de Chartres. Cette opération me permit d'occuper enfin l'Hôtel de Ville avec le gros des détachements qui arrivaient successivement, sur l'ordre que je leur avais envoyé de se replier sur moi, pour reprendre à l'ennemi les positions conquises.

« Auparavant, les Prussiens que j'avais entendus à la barricade de la rue Saint-François avaient réussi à la franchir et débouché au bas de la rue de Blois, dont il avait fallu les chasser pour ne pas se trouver entre deux feux.

« Il était dix heures et demie.

« Nous étions les maîtres.

« Si le moindre renfort de troupes fraîches nous était venu à ce moment, nous culbutions l'armée prussienne et la mettions dans un désordre indicible. Comment ce secours ne nous est-il pas arrivé ? Le canon cependant a tonné sept heures, et la fusillade d'au moins 6,000 hommes engagés, retenti un demi-jour...

« Pour nous, en trop petit nombre, au milieu des ténèbres, dans la fumée de la ville qui brûlait, ne pouvant réussir à faire ouvrir les maisons fermées par la terreur, sans nouvelles des autres détachements, que faire ? On me disait avoir entendu le clairon sonner l'assemblée, avoir vu passer le commandant ordonnant la retraite, et un détachement de cent cinquante hommes prenant la rue de la Madeleine...

« Je réunis les officiers.

« A l'unanimité, nous résolûmes de nous retirer sur le pont Saint-Jean, pour regagner Brou, et, de là, Nogent-le-Rotrou.

« Malgré l'infériorité relative de cette ligne de retraite, découverte et peu accidentée, par rapport à celle de Courtalain, où l'on arrive par des bois, je l'avais choisie à cause du renseignement que je tenais depuis cinq heures, d'un corps de cavalerie refoulé par notre feu sur la route de Courtalain et ayant pu y prendre position.

« Tel est à peu près ce que j'ai vu et su, comme second du commandant, dans cette journée qui marquera dans les fastes militaires de la France.

« Francs-tireurs de Paris, de Nantes et de Cannes, ont été sublimes de bravoure et de dévouement. Environ deux cents gardes nationaux ont vaillamment défendu leurs foyers à nos côtés.

« Le chiffre de nos morts et de nos blessés est évalué jusqu'à présent à 150, celui de l'armée ennemie à 2,000.

« Je n'ajouterai rien, sinon que huit cents hommes à peine ont soutenu, durant dix heures, le siège d'une ville ouverte contre dix mille hommes d'infanterie et de cavalerie et 36 pièces de canon — et que l'ennemi n'a pu, le lendemain, prendre possession que d'un monceau de ruines.

« Daignez agréer, Monsieur le Ministre, l'assurance de mon respectueux dévouement.

« Edouard LEDEUIL

« *Capitaine aux Francs-tireurs de Paris.* »

Imp. Schneider Freres et Mary. — Levallois

«parmi les officiers du bâtiment ou, à leur défaut, parmi les hommes de
«l'équipage.

«Si la naissance a lieu pendant un arrêt dans un port, l'acte sera dressé
«dans les mêmes conditions lorsqu'il y aura impossibilité de communiquer
«avec la terre ou lorsqu'il n'existera pas dans le port, si l'on est à l'étranger,
«d'agent diplomatique ou consulaire français investi des fonctions d'officier
«de l'état civil.

«Cet acte sera rédigé... par le capitaine, maître ou patron, ou celui qui
«en remplit les fonctions.

«Il y sera fait mention de celles des circonstances ci-dessus prévues dans
«laquelle l'acte a été dressé.

«L'acte sera inscrit à la suite du rôle d'équipage.»

Art. 57. «L'acte de naissance énoncera le jour, l'heure et le lieu de la
«naissance, le sexe de l'enfant et les prénoms qui lui seront donnés; les
«prénoms, noms, profession et domicile des père et mère, et ceux des
«témoins.»

Énonciations qu'il doit contenir.

Dans le délai de trois jours fixé par l'article 59, le jour de l'accouchement
ne compte pas; l'acte de naissance d'un enfant né le 1ᵉʳ d'un mois peut donc
être dressé jusqu'au 4, à minuit.

Délai dans lequel il doit être dressé.

Dans le cas où le navire entre en relâche avant l'expiration de ce délai, le
soin de constater la naissance incombe à l'officier instrumentaire territorial
(maire ou consul), si l'acte n'a pas encore été dressé à bord. Inversement,
une naissance survenue pendant que le navire est arrêté dans un port doit
être constatée à bord si, la déclaration n'en ayant pas été faite à terre, le navire reprend la mer avant l'expiration des trois jours.

Les officiers instrumentaires se conformeront, pour l'établissement des
actes de naissance, au modèle n° 5 annexé à la présente instruction.

Modèle d'acte. — Mention à porter sur le rôle ou la liste des passagers.

Il devront, en outre, même quand la naissance aura été constatée à terre,
mentionner sur le rôle d'équipage ou sur la liste des passagers, en regard du
nom de la mère, l'heure et la date de la naissance, le sexe et les prénoms de
l'enfant, ainsi que le lieu où l'acte a été dressé.

ACTES DE RECONNAISSANCE D'ENFANTS NATURELS SI CETTE RECONNAISSANCE N'A PAS ÉTÉ FAITE DANS LES ACTES DE NAISSANCE.

Art. 62 (modifié par la loi du 8 juin 1893). «Dans les circonstances pré-
«vues à l'article 59 (*c'est-à-dire quand il y a impossibilité de communiquer avec*
«*la terre, ou, à l'étranger, quand il n'y a pas sur place d'agent diplomatique ou*
«*consulaire français investi des fonctions d'officier de l'état civil*), la déclaration
«de reconnaissance pourra être reçue par les officiers instrumentaires dési-
«gnés en cet article et dans les formes qui y sont indiquées. Les dispositions
«des articles 60 et 61 (voir pages 13 et 14) relatives au dépôt et aux trans-
«missions seront, dans ce cas, applicables...»

Reconnaissance d'un enfant naturel; comment constatée.

Formes à suivre et mention à porter sur le rôle.

L'acte portant la déclaration de reconnaissance sera établi conformément au modèle n° 6. Les officiers instrumentaires en feront mention sur le rôle d'équipage, en regard du nom du déclarant.

La reconnaissance d'un enfant naturel peut aussi être faite à bord au moyen d'un testament par acte public [1], ainsi qu'il résulte de l'article 334 du Code civil ainsi conçu :

«La reconnaissance d'un enfant naturel sera faite par un acte authentique, «lorsqu'elle ne l'aura pas été dans son acte de naissance.»

Au profit de quels enfants elle peut avoir lieu.

Elle peut avoir lieu aussi bien au profit d'un enfant déjà né qu'au profit d'un enfant à naître, mais jamais au profit d'un enfant incestueux ou adultérin (art. 335 du Code civil).

ACTES DE DÉCÈS.

Établissement d'un acte de décès à bord.

Art. 86 (modifié par la loi du 8 juin 1893). «En cas de décès pendant «un voyage maritime et dans les circonstances prévues à l'article 59 (*c'est-* «*à-dire quand il y a impossibilité de communiquer avec la terre, ou, à l'étranger,* «*quand il n'existe pas sur place d'agent diplomatique ou consulaire français in-* «*vesti des fonctions d'officier de l'état civil*), il en sera, dans les vingt-quatre «heures, et en présence de deux témoins, dressé acte par les officiers instru- «mentaires désignés dans cet article et dans les formes qui y sont prescrites.

«Les dépôts et transmissions des originaux et des expéditions seront effec- «tués conformément aux distinctions prévues par les articles 60 et 61...»

Énonciations qu'il doit contenir

Art. 79. «L'acte de décès contiendra les prénoms, nom, âge, profession «et domicile de la personne décédée; les prénoms et nom de l'autre époux, «si la personne décédée était mariée ou veuve; les prénoms, noms, âge, «professions et domiciles des déclarants; et, s'ils sont parents, leur degré de «parenté.

«Le même acte contiendra de plus, autant qu'on pourra le savoir, les pré- «noms, noms, profession et domicile des père et mère du décédé, et le lieu «de sa naissance.»

Délai dans lequel il doit être dressé.

Le délai fixé par la loi étant de vingt-quatre heures (et non d'un jour), un décès survenu à six heures du soir, par exemple, doit être constaté le lendemain avant cette heure. Dans le cas où le navire entre en relâche avant l'expiration de ce délai, le soin de constater le décès incombe à l'officier instrumentaire territorial (maire ou consul), si l'acte n'a pas encore été dressé à bord. Inversement, un décès survenu pendant que le navire est arrêté dans un port doit être constaté à bord si, la déclaration n'en ayant pas été faite à terre pour une raison quelconque, le navire reprend la mer avant l'expiration du délai de vingt-quatre heures ci-dessus fixé.

---

[1] Voir page 15.

Les prescriptions d'ordre général contenues dans l'article 77 du Code civil (voir note (1), page 6) seront observées à bord. En conséquence, les officiers instrumentaires devront, avant de dresser l'acte de décès, se transporter auprès de la personne décédée, avec le médecin, s'il y en a un à bord, pour s'assurer du décès. En outre, et à moins que la salubrité du bord ne s'y oppose, le délai de vingt-quatre heures prévu audit article sera observé pour l'inhumation ou l'immersion.

Constatation de l'identité du cadavre. — Délai à observer pour l'inhumation ou l'immersion.

Les officiers instrumentaires se conformeront, pour l'établissement des actes de décès, au modèle n° 7 annexé à la présente instruction.

Ils devront, même quand le décès aura été constaté à terre, mentionner sur le rôle d'équipage ou sur la liste des passagers, en regard du nom du défunt, la date du décès et le lieu où il en a été dressé acte.

Modèle à suivre et mention à porter sur le rôle ou la liste des passagers.

Art. 81. «Lorsqu'il y aura des signes ou des indices de mort violente, ou «d'autres circonstances qui donneront lieu de le soupçonner, on ne pourra «faire l'inhumation qu'après qu'un officier de police, assisté d'un docteur en «médecine ou en chirurgie, aura dressé procès-verbal de l'état du cadavre et «des circonstances y relatives, ainsi que des renseignements qu'il aura pu «recueillir sur les prénoms, nom, âge, profession, lieu de naissance et do-«micile de la personne décédée.»

Ces dispositions ne pouvant s'exécuter à la mer, on y suppléera de la manière suivante :

Signes ou indices de mort violente.

Procès-verbal de l'état du cadavre, des circonstances y relatives et des dépositions des témoins, s'il y en a, sera dressé en double expédition par le capitaine (maître ou patron), conjointement avec l'officier de quart, ou, à son défaut, avec celui des marins de l'équipage qui vient après ledit capitaine (maître ou patron), et assisté du médecin; s'il n'existe pas de médecin, un second marin sera appelé [1].

Après quoi l'acte de décès sera dressé dans la forme ordinaire, et sans qu'il y soit fait mention du genre de mort, conformément à l'article 85 du Code civil, ainsi conçu :

Procès-verbal à dresser en double expédition.

Art. 85. «Dans tous les cas de mort violente, ou dans les prisons ou «maisons de réclusion, ou d'exécution à mort, il ne sera fait sur les registres «aucune mention de ces circonstances, et les actes de décès seront simple-«ment rédigés dans les formes prescrites par l'article 79.»

Ne pas indiquer le genre de mort dans les actes de décès.

Une des expéditions du procès-verbal ci-dessus sera annexée au rôle d'équipage; l'autre sera remise à terre à la première relâche pour être jointe à l'expédition de l'acte de décès destinée au Ministre de la Marine.

Destination à donner aux expéditions du procès-verbal.

---

[1] Voir le modèle n° 2.

Si la mort de l'individu pouvait donner lieu à des poursuites contre un ou plusieurs hommes du bord, le procès-verbal serait dressé en triple expédition, et la dernière serait jointe aux pièces constatant le délit.

Cas où il doit être dressé une troisième expédition du procès-verbal.

Si un enfant meurt à bord avant que sa naissance ait été enregistrée, le décret du 4 juillet 1806 porte :

Acte relatif à un enfant mort avant que sa naissance ait été enregistrée.

Art. 1er. «Lorsque le cadavre d'un enfant dont la naissance n'a pas été «enregistrée sera présenté à l'officier de l'état civil, cet officier n'exprimera «pas qu'un tel enfant est décédé, mais seulement qu'il lui a été présenté «sans vie. Il recevra de plus la déclaration des témoins touchant les noms, «prénoms, qualités et demeure des père et mère de l'enfant, et la dési-«gnation des an, jour et heure auxquels l'enfant est sorti du sein de sa «mère.»

Art. 2. «Cet acte sera inscrit, à sa date, sur les registre des décès, sans «qu'il en résulte aucun préjugé sur la question de savoir si l'enfant a eu vie «ou non.»

Dépôt et transmission. — Mention sur le rôle.

L'officier instrumentaire à qui le cadavre sera présenté n'aura donc pas à dresser d'acte de naissance, ni même d'acte de décès; il aura seulement à rédiger un acte [1] constatant que l'enfant lui a été présenté *sans vie :* cet acte sera inscrit à sa date, à la suite du rôle d'équipage, et mention en sera faite sur ledit rôle en regard du nom de la mère.

Les dispositions relatives au dépôt et à la transmission des actes de l'état civil sont applicables aux actes de cette espèce.

PROCÈS-VERBAUX CONSTATANT LA DISPARITION D'INDIVIDUS DU BORD.

Établissement d'un procès-verbal de disparition.

Art. 87 du Code civil (modifié par la loi du 8 juin 1893). «Si une ou «plusieurs personnes inscrites au rôle d'équipage ou présentes à bord..... «tombent à l'eau sans que leur corps puisse être retrouvé, il sera dressé un «procès-verbal de disparition par l'autorité investie à bord des fonctions d'of-«ficier de l'état civil. Ce procès-verbal sera signé par l'officier instru-«mentaire et par les témoins de l'accident, et inscrit à la suite du rôle «d'équipage.

«Les dispositions des articles 60 et 61, relatives au dépôt et à la trans-«mission des actes et des expéditions, seront applicables à ces procès-«verbaux.»

Ne peut servir d'acte de décès.

Dans aucun cas, ce procès-verbal ne peut tenir lieu d'acte de décès : les expéditions qui en seront délivrées devront toujours porter cette indication.

---

[1] Voir le modèle n° 8.

Les officiers instrumentaires se conformeront, pour la rédaction de ce procès-verbal, au modèle n° 9 annexé à la présente instruction. *(Modèle à suivre. — Mention à porter sur le rôle.)*

Ils mentionneront sur le rôle d'équipage ou sur la liste des passagers, en regard du nom de l'individu disparu, la date et la cause de la disparition, ainsi que l'endroit, parage ou hauteur où elle se sera produite. Si le cadavre est retrouvé plus tard, on indiquera en outre la date de l'acte de décès, et, s'il a été rédigé à terre, le nom de la commune ou du pays où il a été dressé.

Il peut arriver que le cadavre soit retrouvé par les gens de l'équipage ou par tout autre, sur les bords de la mer ou d'une rivière, avant le départ du navire : sa reconnaissance, son inhumation et la rédaction de l'acte de décès concernent alors l'officier de l'état civil à terre ; seulement, les personnes qui auront signé le procès-verbal de disparition, comme témoins de l'événement, seront tenues, si le navire n'est pas en partance, d'obtempérer à la réquisition qui pourrait leur être faite par l'autorité civile ou judiciaire de venir constater, conjointement avec elle, l'identité du cadavre. *(Si le cadavre est sauvé ou retrouvé avant le départ du navire ; mesures à prendre en France ou dans les colonies.)*

Les mêmes dispositions seront à exécuter dans les pays étrangers où il existe un agent diplomatique ou consulaire français investi des fonctions d'officier de l'état civil. *(Mêmes dispositions pour les pays étrangers, résidence d'agents français.)*

A défaut d'agent français, ou si l'agent français n'est pas investi des fonctions d'officier de l'état civil, l'officier instrumentaire dressera l'acte de décès. *(S'il n'y a pas d'agent français.)*

Si, au moment du départ, le cadavre n'est pas retrouvé, l'officier instrumentaire invitera les autorités locales, françaises ou étrangères, dans le cas où le sauvetage en aurait lieu plus tard, à envoyer une expédition de l'acte de décès au Ministre de la Marine ; et pour rendre cette mesure plus efficace, il leur laissera une expédition du procès-verbal de disparition et un signalement aussi complet que possible de l'individu disparu. *(Si le cadavre n'a pas été retrouvé avant le départ du navire.)*

REMISE ET DÉPÔT À TERRE DES ACTES DE L'ÉTAT CIVIL
ET PROCÈS-VERBAUX DE DISPARITION.

Art. 60 du Code civil (modifié par la loi du 8 juin 1893). «Au premier «port où le bâtiment abordera pour toute autre cause que celle de son désar-«mement, l'officier instrumentaire sera tenu de déposer deux expéditions de «chacun des actes de naissance (*de décès, de reconnaissance d'enfant naturel, et* «*des procès-verbaux de disparition*) dressés à bord. *(Dépôt dans le premier port et destination des actes et procès-verbaux.)*

«Ce dépôt sera fait, savoir : si le port est français..... au bureau de «l'Inscription maritime ; si le port est étranger, entre les mains du consul «de France. Au cas où il ne se trouverait pas dans ce port de bureau de «l'Inscription maritime ou de consul, le dépôt serait ajourné au plus prochain «port d'escale ou de relâche.

«L'une des expéditions déposées sera adressée au Ministre de la Marine,
«qui la transmettra à l'officier de l'état civil du dernier domicile du père de
«l'enfant ou de la mère si le père est inconnu, afin qu'elle soit transcrite sur
«les registres; si le dernier domicile ne peut être retrouvé ou s'il est hors de
«France, la transcription sera faite à Paris.

«L'autre expédition restera déposée aux archives du consulat ou du bureau
«de l'Inscription maritime.

Mention des envois et dépôts en marge des originaux. «Mention des envois et dépôts effectués conformément aux prescriptions
«du présent article sera portée en marge des actes originaux par les com-
«missaires de l'Inscription maritime ou par les consuls. »

Dépôt dans le port de désarmement. Art. 61 (*id.*). «A l'arrivée du bâtiment dans le port de désarmement,
«l'officier instrumentaire sera tenu de déposer, en même temps que le rôle
«d'équipage, une expédition de chacun des actes de naissance dressés à bord,
«dont copie n'aurait point été déjà déposée conformément aux prescriptions
«de l'article précédent.

«Ce dépôt sera fait au bureau de l'Inscription maritime.

«L'expédition ainsi déposée sera adressée au Ministre de la Marine, qui la
«transmettra comme il est dit à l'article précédent.»

Ces expéditions doivent être la copie littérale de l'acte inscrit sur le rôle
d'équipage; elles énoncent qu'elles sont conformes à cet acte, et qu'elles sont
délivrées par l'officier instrumentaire du navire.

Défense aux officiers instrumentaires de délivrer aux intéressés des expéditions des actes de l'état civil, etc. Il est expressément défendu aux officiers instrumentaires de délivrer aux
particuliers des expéditions ou des extraits réguliers, *faisant preuve, des actes
de l'état civil* inscrits sur les rôles d'équipage dont ils sont dépositaires pendant leur embarquement, cette délivrance ne pouvant être faite qu'à terre par
les officiers de l'état civil qui ont inscrit ces actes sur leurs registres, et ce,
aux termes de l'article 45 du Code civil, qui est ainsi conçu :

«Toute personne pourra se faire délivrer, par les dépositaires des re-
«gistres de l'état civil, des extraits de ces registres. Les extraits délivrés con-
«formes aux registres, et légalisés par le président du tribunal de première
«instance ou par le juge qui le remplacera, feront foi jusqu'à inscription de
«faux. »

Délivrance de copies des procès-verbaux de disparition. Relativement *aux procès-verbaux constatant la disparition d'individus du
bord*, les commissaires de l'Inscription maritime pourront en délivrer des
copies littérales aux intéressés qui en feront la demande.

DEUXIÈME PARTIE.

TESTAMENTS.

Art. 967 du Code civil. «Toute personne pourra disposer par testament, «soit sous le titre d'institution d'héritier, soit sous le titre de legs, soit sous «toute autre dénomination propre à manifester sa volonté.»

Manières de disposer.

Art. 968. «Un testament ne pourra être fait dans le même acte par deux «ou plusieurs personnes, soit au profit d'un tiers, soit à titre de disposition «réciproque et mutuelle.»

Art. 969. «Un testament pourra être olographe, ou fait par acte public «ou dans la forme mystique [1].

Art. 995 (modifié par la loi du 8 juin 1893). «Les dispositions insérées «dans un testament fait, au cours d'un voyage maritime, au profit des offi-«ciers du bâtiment autres que ceux qui seraient parents ou alliés du testateur, «seront nulles et non avenues.

Les dispositions faites en mer en faveur d'officiers non parents ou alliés du testateur ne sont pas admises.

«Il en sera ainsi, que le testament soit fait en la forme olographe ou qu'il «soit reçu conformément aux articles 988 et suivants.»

TESTAMENT OLOGRAPHE.

Art. 970. «Le testament olographe ne sera point valable, s'il n'est *écrit* «*en entier, daté et signé* de la main du testateur : il n'est assujetti à aucune «autre forme.»

Cas de nullité.

Le testament olographe est donc nul si l'une de ces trois conditions fait défaut.

TESTAMENT PAR ACTE PUBLIC [2].

Art. 988 (modifié par la loi du 8 juin 1893). «Au cours d'un voyage «maritime, soit en route, soit pendant un arrêt dans un port, lorsqu'il y «aura impossibilité de communiquer avec la terre, ou lorsqu'il n'existera pas «dans le port, si l'on est à l'étranger, d'agent diplomatique ou consulaire fran-«çais investi des fonctions de notaire, les testaments des personnes présentes

Par qui reçu.

---

[1] Le Code civil n'ayant pas autorisé la réception de testaments mystiques pen-pant les voyages de mer, il ne sera pas fait mention de ces actes dans la présente instruction. (Les articles 975, 976, 977, 978 et 979 du Code civil sont relatifs à la réception de ces actes à terre.)

[2] On se rappelle que la reconnaissance d'un enfant naturel peut avoir lieu, à bord, soit par un acte de reconnaissance (voir page 9), soit par un testament par acte public.

«à bord seront reçus, en présence de deux témoins..... par le capitaine, «maître ou patron, assisté du second du navire ou, à leur défaut, par ceux «qui les remplacent.

«L'acte indiquera celle des circonstances ci-dessus prévues dans laquelle il «aura été reçu[1]. »

Testament du capitaine, maître, patron ou second.

ART. 989 (*id.*). «Le testament du capitaine, maître ou patron ou celui «du second seront, dans les mêmes circonstances (*celles prévues à l'article* «*précédent*), reçus par les personnes qui viennent après eux dans l'ordre du «service. »

Le capitaine est l'officier instrumentaire.
Personne qui doit l'assister.

C'est donc le capitaine (maître ou patron) ou celui qui en tient lieu, qui doit remplir les fonctions d'officier instrumentaire pour la réception du testament par acte public; et il appelle, pour recevoir cet acte conjointement avec lui, le second ou le marin le plus avancé en grade dans la hiérarchie du bord, ayant vingt et un ans accomplis et sachant lire et écrire.

En cas d'empêchement ou de mort, par qui remplacé.

Si le capitaine (maître ou patron) n'a pas l'âge requis, ou en cas de maladie ou de mort, il est remplacé, *en qualité d'officier instrumentaire*, par le second du navire, si, d'ailleurs, ce dernier est âgé de vingt et un ans au moins : le second doit alors se conformer aux dispositions ci-dessus, relativement au marin qu'il doit s'adjoindre pour recevoir le testament.

L'officier instrumentaire ne peut refuser son ministère.

La personne chargée, à bord, de recevoir les testaments par acte public ne peut refuser son ministère lorsqu'elle en est requise[2]; mais elle doit s'en abstenir toutes les fois :

Exceptions.

1° Que le testateur est son parent ou son allié en ligne directe à tous les degrés et en collatérale jusqu'au degré d'oncle ou de neveu inclusivement[3];

---

[1] Voir le modèle n° 10.

[2] LOI DU 16 MARS 1803 (*25 ventôse, an XI*), SUR LE NOTARIAT, ART. 3. «Ils sont «tenus de prêter leur ministère lorsqu'ils en sont requis.»

[3] CODE CIVIL, ART. 735. «La proximité de parenté s'établit par le nombre des «générations; chaque génération s'appelle *un degré.*»

ART. 736. «La suite des degrés forme la ligne; on appelle *ligne directe* la suite «des degrés entre personnes qui descendent l'une de l'autre; *ligne collatérale,* la «suite des degrés entre personnes qui ne descendent pas les unes des autres, mais «qui descendent d'un auteur commun.....»

ART. 737. «*En ligne directe,* on compte autant de degrés qu'il y a de générations «entre les personnes : ainsi le fils est, à l'égard du père, au premier degré; le petit-«fils, au second; et réciproquement, du père et de l'aïeul à l'égard des fils et «petits-fils.»

ART. 738. «*En ligne collatérale,* les degrés se comptent par les générations, de-«puis l'un des parents jusques et non compris l'auteur commun, et depuis celui-ci «jusqu'à l'autre parent.

«Ainsi, deux frères sont au deuxième degré; l'oncle et le neveu sont au troi-«sième; les cousins germains, au quatrième, ainsi de suite.»

2° Que ses parents, aux mêmes degrés, doivent avoir part aux dons ou legs du testateur;

3° Que le testament à recevoir doit contenir quelques dispositions en sa faveur, ce qui n'est possible, d'après l'article 995 du Code civil, que si elle est parente ou alliée du testateur [1].

Dans l'un et l'autre cas, cette personne doit être remplacée, ainsi qu'il est dit ci-dessus, pour les cas d'empêchement, de mort, etc. *Dans les cas exceptionnels, par qui il doit être remplacé.*

Ces dispositions sont également applicables à celui conjointement avec lequel le testament doit être reçu. *Idem la personne conjointement avec laquelle le testament est reçu.*

Si ce dernier était parent ou allié, aux mêmes degrés, de la personne chargée de recevoir le testament, il doit être également remplacé. *Cas où elle doit être remplacée.*

Le testament doit toujours faire mention des causes pour lesquelles les personnes désignées dans l'article 988 du Code civil n'ont pu recevoir elles-mêmes ce testament ou être présentes à sa réception. *Mentionner dans l'acte les causes des remplacements.*

Art. 975 du Code civil. «Ne pourront être pris pour témoins du testa-«ment par acte public, ni les légataires, à quelque titre qu'ils soient, ni les «parents ou alliés jusqu'au quatrième degré inclusivement... » *Témoins.*

Art. 980 (modifié par la loi du 7 décembre 1897). «Les témoins appelés «pour être présents aux testaments devront être majeurs, Français, sans «distinction de sexe. Toutefois, le mari et la femme ne pourront être témoins «ensemble dans le même testament. »
Les parents ou alliés au degré prohibé de la personne chargée de recevoir le testament, ou de celle conjointement avec laquelle il doit être reçu, ne pourront être admis comme témoins; leurs serviteurs et ceux des parties inté-ressées ne pourront l'être également (*disposition de l'article 10 de la loi du 16 mars 1803 [25 ventôse an xi] sur le notariat*).

Le testament doit être dicté par le testateur, et écrit tel qu'il est dicté par l'officier instrumentaire, et non par un autre; puis, avant de clore l'acte, ce dernier demande au testateur s'il a fait choix d'un notaire pour le dépôt de son testament, et lui donne lecture de l'article 994 du Code civil (modifié par la loi du 8 juin 1893) ainsi conçu : *Formes du testament.*

«Le testament fait au cours d'un voyage maritime, en la forme prescrite «par les articles 988 et suivants, ne sera valable qu'autant que le testateur *Durée de sa validité.*

---

[1] Loi du 16 mars 1803, Art. 8. «Les notaires ne pourront recevoir des actes «dans lesquels leurs parents ou alliés, en ligne directe à tous les degrés, et en colla-«térale jusqu'au degré d'oncle ou de neveu inclusivement, seraient parties, ou qui «contiendraient quelques dispositions en leur faveur.»

«mourra à bord ou dans les six mois après qu'il sera débarqué dans un lieu
«où il aura pu le refaire dans les formes ordinaires.

 «Toutefois, si le testateur entreprend un nouveau voyage maritime avant
«l'expiration de ce délai, le testament sera valable pendant la durée de ce
«voyage et pendant un nouveau délai de six mois après que le testateur
«sera de nouveau débarqué.»

<table>
<tr><td>Lecture à donner de l'article 994 du Code civil.</td><td>Art. 9J6 (modifié par la loi du 8 juin 1893). «Il sera donné lecture au «testateur, en présence des témoins, des dispositions de l'article 994..., et «mention de cette lecture sera faite dans le testament.»</td></tr>
</table>

Art. 9J6 (modifié par la loi du 8 juin 1893). «Il sera donné lecture au
«testateur, en présence des témoins, des dispositions de l'article 994..., et
«mention de cette lecture sera faite dans le testament.»

Lecture à donner du testament.

 · Il doit être donné lecture du testament ainsi écrit au testateur, en présence des témoins.

Signé par qui.

Art. 997 (*id.*) «Les testaments compris dans les articles ci-dessus de la
«présente section seront signés par les testateurs, par ceux qui les auront
«reçus et par les témoins.»

Art. 998 (*id.*). «Si le testateur déclare qu'il ne sait ou ne peut signer, il
«sera fait mention de sa déclaration ainsi que de la cause qui l'empêche de
«signer.»
 «Dans le cas où la présence de deux témoins est requise (*et elle l'est
«toujours pour les testaments par actes publics faits sur mer, voir l'article 988*),
«le testament sera signé au moins par l'un d'eux, et il sera fait mention de
«la cause pour laquelle l'autre n'a pas signé.»

Art. 1004. «Les formalités auxquelles les divers testaments sont assujettis
«par les dispositions de la présente section et de la précédente doivent être
«observées à peine de nullité.»

Le testament est fait en double original.

 Art. 990 (modifié par la loi du 8 juin 1893). «Dans tous les cas, il sera
«fait un double original des testaments mentionnés aux deux articles précédents.»
Ce ne doit pas être une simple expédition du testament, mais un second
original écrit par l'officier instrumentaire qui aura écrit le premier, et revêtu
des mêmes formalités et signatures que celui-ci.
 «Si cette formalité n'a pu être remplie à raison de l'état de santé du tes-
«tateur, il sera dressé une expédition du testament pour tenir lieu du second
«original; cette expédition sera signée par les témoins et par les officiers in-
«strumentaires. Il y sera fait mention des causes qui ont empêché de dresser
«le second original.»

Clore et sceller séparément chaque original.

Chaque original (ou l'original et son expédition) doit être clos et scellé
séparément [1].

---

 [1] Voir le modèle de la suscription de l'enveloppe renfermant chaque testament
n° 11.

Le cachet à appliquer sur la fermeture du paquet est celui du testateur; s'il n'en a pas, on fera apposer sa signature sur cette fermeture, ou celle des témoins, dans le cas où il ne saurait signer.

REMISE ET DÉPOT À TERRE DES TESTAMENTS PAR ACTE PUBLIC.

Art. 991 (modifié par la loi du 8 juin 1893). «Au premier arrêt dans «un port étranger où se trouve un agent diplomatique ou consulaire français «il sera fait remise, sous pli clos et cacheté, de l'un des originaux ou de «l'expédition du testament entre les mains de ce fonctionnaire, qui l'adressera «au Ministre de la Marine afin que le dépôt puisse en être effectué comme il «est dit à l'article 983 (*c'est-à-dire chez le notaire indiqué par le testateur ou,* «*à défaut d'indication, chez le président de la chambre des notaires de l'arrondis-* «*sement du dernier domicile*).» *(Si le bâtiment aborde en pays étranger.)*

Si le navire aborde dans une colonie française, le dépôt de l'un des deux originaux, clos ou cacheté, devra être fait entre les mains de l'autorité maritime (ou de celle qui en remplit les fonctions), laquelle se conformera aux dispositions ci-dessus. *(Dans une colonie française.)*

Art. 992 (*id.*). «A l'arrivée du bâtiment dans un port de France, les «deux originaux du testament, ou l'original et son expédition, ou l'original «qui reste, en cas de transmission ou de remise effectuée pendant le cours «du voyage, seront déposés, sous pli clos et cacheté... au bureau de l'In- «scription maritime. Chacune de ces pièces sera adressée séparément, et par «courriers différents, au Ministre de la Marine, qui en opérera la transmis- «sion comme il est dit à l'article 983.» *(En France.)*

Art. 993 (*id.*). «Il sera fait mention sur le rôle d'équipage, en regard du «nom du testateur, de la remise des originaux ou expédition du testament «faite conformément aux prescriptions des articles précédents, au consulat... «ou au bureau de l'Inscription maritime.» *(Mention de la remise à faire sur le rôle.)*

TROISIÈME PARTIE.

ACTES DE PROCURATION, DE CONSENTEMENT ET D'AUTORISATION.

Par qui dressés.

Art. 2 de la loi du 8 juin 1893. «Au cours d'un voyage maritime, soit «en route, soit pendant un arrêt dans un port, les mêmes actes (*actes de pro-* «*curation, de consentement à mariage ou à un engagement volontaire, et décla-* «*rations d'autorisation maritale*) concernant les personnes présentes à bord «pourront être dressés..... par le capitaine, maître ou patron assisté par le «second du navire, ou à leur défaut, par ceux qui les remplacent...»

Renvoi à la seconde partie (Testaments) pour les conditions que doivent remplir les officiers instrumentaires.

Les observations formulées à la suite des articles 988 et 989 (voir p. 15 et 16) relativement à l'âge que doit avoir le capitaine, à son remplacement en cas de maladie ou de mort, à son incapacité toutes les fois que l'acte à recevoir concerne un de ses parents ou alliés au degré prohibé, sont applicables aux actes de procuration, de consentement et d'autorisation.

Étendue de la compétence des officiers instrumentaires.

Art. 3 (*id.*). «Hors de France, la compétence des fonctionnaires et officiers «désignés aux deux articles précédents sera absolue.

«En France, elle sera limitée au cas où les intéressés ne pourront s'adres- «ser à un notaire. Mention de cette impossibilité sera consignée dans l'acte.»

Rédaction des actes en brevet. — Légalisation. — Timbre. — Enregistrement.

Art. 4 (*id.*). «Les actes reçus dans les conditions indiquées en la présente «loi seront rédigés en brevet.

«Ils seront légalisés..... par l'officier du commissariat de l'Inscription «maritime, s'ils ont été dressés sur un bâtiment de commerce.

«Ils ne pourront être valablement utilisés qu'à la condition d'être timbrés «et après avoir été enregistrés.»

Formules d'actes.

Les officiers instrumentaires trouveront, à la suite de la présente instruction, un certain nombre de formules destinées à les guider dans la rédaction de ces actes.

QUATRIÈME PARTIE.

PAPIERS CACHETÉS OU NON CACHETES
TROUVÉS À BORD DANS LA MALLE OU DANS LE SAC D'UN INDIVIDU MORT, DÉSERTÉ, ETC.

Si, lors du décès d'un individu embarqué, ou après sa disparition du bord par suite d'un événement quelconque, de désertion, etc., un testament olographe, un papier écrit présumé tel, ou des papiers cachetés étaient trouvés au cours de l'inventaire qui doit être fait de sa malle ou de son sac, la personne chargée, à bord, de recevoir les testaments par acte public, conjointement avec celle devant laquelle ils sont reçus, doit, en. présence de deux témoins, parents ou autres, constater l'existence de ces testaments ou papiers, de la manière suivante : *(Testament olographe, papiers, etc.)*

Si le testament ou les papiers sont ouverts et non cachetés, il en sera fait une copie littérale par la personne chargée de recevoir les testaments ; cette copie sera certifiée conforme à l'original par cette personne, par celle qui l'aura assistée et par les témoins. *(Trouvés ouverts et non cachetés : copie à en faire.)*

Cette copie ne pourrait certainement pas remplacer le testament original, si celui-ci venait à s'égarer après sa remise à terre ; mais elle fournirait du moins au Ministre ou aux administrateurs de la Marine les moyens d'avertir les intéressés de l'existence de ces testaments ou papiers du lieu où ils ont été déposés, etc.

L'original et la copie seront, en présence des mêmes personnes, incontinent clos et scellés séparément. *(Les clore et sceller séparément.)*

Le cachet sera celui de l'officier instrumentaire.
A défaut de cachet, l'officier instrumentaire, la personne qui l'aura assisté et les témoins apposeront leurs signatures sur la fermeture de chaque paquet. *(Cachet et, à défaut, signatures à apposer sur la fermeture de chaque paquet.)*

Dans l'acte de suscription (modèle n° 12), qui sera également signé par eux, on mentionnera les prénoms, nom, grade ou profession, lieu de naissance et dernier domicile du décédé ou du disparu, l'espèce et le nombre des papiers ainsi clos et scellés, le nom du notaire que le testateur aurait désigné pour recevoir en dépôt son testament ; on y indiquera, en outre, si ce sont les originaux ou les copies. *(Acte de suscription.)*

Les originaux seront toujours remis les premiers, lors de l'atterrissage des navires. *(Les originaux remis les premiers.)*

Si le testament et les pièces sont trouvés clos et scellés, les personnes ci-dessus désignées et les témoins se borneront à apposer leurs signatures sur la suscription (modèle n° 13) après y avoir indiqué :

1° La date de la reconnaissance de ces papiers;

2° Les prénoms et nom du décédé ou du disparu; son grade ou sa profession, le lieu de sa naissance et de son dernier domicile;

3° Enfin, le nom de l'officier instrumentaire, lequel doit rester dépositaire du paquet.

Il sera fait mention de l'existence de ces testaments ou papiers dans le procès-verbal à dresser, en double expédition, de l'inventaire des hardes et effets appartenant aux décédés ou autres[1], en y rapportant textuellement l'acte de suscription, ainsi que la forme extérieure des paquets, celle du cachet, la matière qui aura été employée pour l'empreinte, les signatures, etc.

A la première relâche dans une colonie française ou dans un pays étranger (résidence d'un agent diplomatique ou consulaire de France), il sera fait remise au Gouverneur ou à l'agent français des originaux des testaments ou papiers trouvés à bord, qu'ils aient été trouvés cachetés ou non cachetés.

Au retour du navire dans un port de France (d'armement ou autre), il sera fait remise à l'administrateur de l'Inscription maritime des copies des testaments ou papiers trouvés à bord, non cachetés, ou de l'une des expéditions de l'inventaire, s'ils ont été trouvés cachetés.

Si le navire n'a pas relâché dans une colonie française ou dans un pays étranger (résidence d'un agent français), les originaux et les copies des testa-

---

[1] *Ordonnance du Roi du mois d'août 1681.*

Art. 4 (livre III, titre XI). «Incontinent après le décès de ceux qui mourront «sur mer, l'écrivain fera l'inventaire des effets par eux délaissés dans le vaisseau, en «présence des parents, s'il y en a, sinon de deux témoins qui signeront, et à la «diligence du maître.»

«Art. 5. «Le maître demeurera chargé des effets du défunt......»

Voir, pages 29 et 31, les modèles n°s 3 et 4 des inventaires à dresser par les capitaines (maîtres ou patrons), qui maintenant, sont chargés des écritures du bord.

Indépendamment des dispositions ci-dessus, il y a encore à exécuter celles ci-après du règlement du Roi du 17 juillet 1816, sur l'Établissement des Invalides de la marine :

Art. 21. «.....Les effets et hardes provenant d'individus embarqués sur les «navires du commerce sont déposés, avec l'inventaire, au bureau de l'Inscription ma «ritime du port où le désarmement a lieu.»

Art. 22. «Les espèces monnayées trouvées sur les décédés, et le produit de leurs «effets et hardes qui auraient été vendus dans le cours du voyage, pour cause «de dépérissement ou pour tout autre motif, seront remis, lors du désarmement au «caissier des gens de mer.»

ments ou papiers, ou les originaux, s'il n'y a pas lieu d'en faire des copies, seront remis, dans le premier port de relâche de France, à l'administrateur de l'Inscription maritime.

Aucune pièce reconnue et inventoriée comme il est dit ci-dessus ne pourra, sous quelque prétexte que ce soit, être remise, à bord, par la personne qui en sera dépositaire, à des individus embarqués, parents ou autres ; ceux-ci auront à réclamer ces pièces, à la première relâche des navires, savoir :

Dans un des ports de France ou dans une colonie française, auprès du président du tribunal civil[1].

Dans un port étranger (résidence d'un agent français), auprès de l'agent diplomatique ou consulaire de France, qui prononcera, et fera, s'il y a lieu, dresser acte de cette remise.

---

[1] **Art.** 919 du Code de procédure civile. «Si les paquets cachetés paraissent, «par leur suscription ou par quelque autre preuve écrite, appartenir à des tiers, le «Président du tribunal ordonnera que ces tiers seront appelés dans un délai qu'il «fixera, pour qu'ils puissent assister à l'ouverture ; il la fera au jour indiqué, en «leur présence ou à leur défaut ; et si les paquets sont étrangers à la succession, «il les leur remettra sans en faire connaître le contenu, ou les cachettera de nouveau «pour leur être remis à leur première réquisition.»

MODÈLES.

Nota. — On doit considérer comme renseignements les notes en *lettres italiques* placées en marge de tous les modèles ci-après.

Les autres notes en caractères romains indiquent les formules à introduire dans les actes mêmes, suivant les grades des officiers instrumentaires, la position des navires, la nature des événements à constater, etc.; elles doivent donc être reportées dans le corps des actes aussi exactement que le permettront les circonstances.

PREMIÈRE SECTION.

PROCÈS-VERBAUX

À DRESSER À BORD DES NAVIRES DU COMMERCE ET QUI ONT RAPPORT AUX ACTES DE L'ÉTAT CIVIL ET AUX TESTAMENTS.

(MODÈLES 1 À 4.)

(N° 1)

AVIS

L   *l*   , armé à
commandé par M.

Le capitaine (1) dudit navire mouillé (*ou* amarré) dans le
port (*ou* dans la rade) d

a l'honneur de prévenir Monsieur (2)

que
(3)
est accouchée à bord, le (4) du courant, à } 1° S'il s'agit
(4) heures du (5) , d'un enfant du sexe d'une naissance.
(masculin *ou* féminin),

(3)   fil d (6)
et d (8)   (7)
né à arrondissement d
département d le (8)
domicilié, avant son embarquement, (9) } 2° S'il s'agit
 arrondissement d département d'un décès.
d   (10) est décédé,
à bord, le (4) du courant, à (4) heure du
(5)
et qu'il a été donné connaissance aux intéressés des obligations qui leur sont imposées par le Code civil pour faire
constater légalement ce (11)

A bord, le

(1) *En cas d'empêchement ou de mort,
porter :*
 Le (*grade*), remplissant à bord
les fonctions de capitaine par suite
de la mort *ou* (*cause de l'empêchement*) du titulaire,

(2) L'officier de l'état civil de la
commune d.... (*c'est la commune dont
dépend le port ou la rade où est mouillé
ou amarré le navire*) :
 Ou le consul, vice-consul,
agent consulaire de France à...

(3) *Prénoms et nom.*

(4) *En toutes lettres.*

(5) Matin *ou* du soir.

(6) *Prénoms.*

(7) Marié à (3)
 Ou veuf d (3)
 Ou célibataire.

(8) *A défaut de la date de naissance,
indiquer l'âge.*

(9) *Si l'individu décédé était né à
Paris ou dans une grande ville, rappeler,
autant que possible, la rue et le numéro.*

(10) *Grade, profession à bord;
 Ou passager à bord.*

(11) *Naissance ou décès.*

(N° 2)

PROCÈS-VERBAL

À DRESSER PAR LE CAPITAINE, POUR CONSTATER LE DÉ-
CÈS, À BORD, D'UN INDIVIDU, LORSQU'IL Y AURA DES
SIGNES OU DES INDICES DE MORT VIOLENTE.

NOTA. — Ce procès-verbal sera à dresser à la mer et dans les pays étrangers où il n'existe pas d'agent français.

Dans les ports et rades de France ou des Colonies françaises et dans les pays étrangers où il existe des agents français, le capitaine aura à se conformer aux dispositions de l'article 81 du Code civil. (Voir *page 11 de l'Instruction*.)

L *l*   , armé à   ,
commandé par M.

CE JOURD'HUI le (1) du mois d de l'an mil neuf cent (1), à (1) heure du (2), étant à (3)

Nous (4) (5) capitaine (6),

Averti par M. (7) que (4, 5) (8) inscrit sur le rôle d'équipage, venait de mourir,

Nous sommes transporté, accompagné d susnommé de M. (4) , (5) (9) et de M. (4) (5) (10) dans le (11) où nous avons trouvé un cadavre que nous avons tous bien reconnu pour être celui de (12)

Les témoins nous ont alors fait les déclarations suivantes :

Premier témoin : (12) (13)
Deuxième témoin : (12) (13)

Examen fait du cadavre, le médecin a dit : *Nous déclarons sur notre honneur et en notre âme et conscience que* (14)   } S'il y a un médecin à bord.

A défaut de médecin, nous avons examiné le cadavre avec la plus scrupuleuse attention, et nous déclarons, sur notre honneur et en notre âme et conscience, que (14)   } S'il n'y a pas de médecin à bord.

En foi de quoi nous avons dressé le présent procès-verbal, qui, après lecture, a été signé par nous, par l (9), l (10), et par MM. (12) , témoins dont nous avons consigné ci-dessus les déclarations (15).

L'une des expéditions dudit procès-verbal sera annexée au rôle d'équipage, et la seconde sera transmise (*ou* les deux dernières seront transmises), par nos soins, à qui de droit.

Fait à bord, en (16), les jour, mois et an que dessus.

NOTA. — Ce procès-verbal sera inscrit, à sa date, par le capitaine à la suite du rôle d'équipage, avec les actes de l'état civil.

---

(1) *En toutes lettres.*

(2) Matin *ou* du soir.

(3) *Endroit, parage ou hauteur où se trouve le navire. S'il est mouillé (ou amarré), indiquer le nom du port, de la rade, etc.*

(4) *Prénoms et nom.*

(5) *Grade au service.*

(6) *Ou* (4, 5) *embarqué sur ledit navire, appelé dans l'ordre du service, à remplacer le capitaine, celui-ci étant mort, ou (cause de l'empêchement).*

(7) *Prénoms et nom; grades ou professions des personnes (ou de la personne) qui ont donné avis du décès.*

(8) *Fonction* ou *emploi à bord.*

(9) Officier de quart *ou* remplissant les fonctions d'officier de quart, etc.

(10) Médecin.
 NOTA. — *S'il n'y a pas de médecin, porter : et de M.* (4, 5, 8), à défaut de médecin à bord.

(11) *Lieu du décès; Poste, chambre, etc.*

(12) *Nom.*

(13) *Transcrire littéralement sa déclaration sur la nature de l'événement qui a pu causer la mort.*
 Si le ou les témoins inculpent des individus embarqués, indiquer exactement les prénoms et noms de ceux-ci, leurs grades et fonctions à bord.

(14) *Transcrire littéralement sa déclaration sur l'état du cadavre et les causes apparentes de la mort.*

(15) *Si les témoins ne savaient ou ne pouvaient pas signer, substituer à cette formule celle suivante :*
MM. (12) témoins, dont nous avons consigné ci-dessus les déclarations, ont dit ne savoir signer *ou* ne pouvoir signer, attendu (*cause de l'empêchement*).
Ou : MM. (12) autres témoins, dont nous avons consigné ci-dessus les déclarations, ont dit ne savoir signer *ou* ne pouvoir signer, etc.

(16) En double expédition *dans les cas ordinaires;*
Ou en triple expédition *s'il y a des poursuites à exercer contre quelqu'un du bord.*

(N° 3)

PROCÈS-VERBAL

D'INVENTAIRE DES EFFETS, VALEURS, PAPIERS, ETC.,
TROUVÉS DANS LES MALLES, SACS, ETC.
DES GENS DE L'ÉQUIPAGE ⎱ DÉCÉDÉS À BORD,
  OU DES PASSAGERS ⎰ DISPARUS, ETC.
À DRESSER PAR LE CAPITAINE.

————

L   *l*   , armé à
commandé par M.

————

Cejourd'hui le (1) du mois d   de l'an mil neuf
cent   (1) à (1) heure du (2), étant à (3)

Nous (4)   (5)   , capitaine (6)

Averti par (7)   que le S^r (4)
           (5)   (8)
                     (9)

Nous sommes immédiatement transporté, avec le S^r (4)
         (5 et 8)   (10)   et les S^{rs}
   (4, 5, 8)   et (4, 5, 8),   parents du
décédé (11)   dans l (12)   où nous nous
sommes fait représenter les effets, hardes, etc., qui apparte-
naient audit (13)

Et ayant fait ouvrir, en présence des susnommés l (14)
       au nombre de (1)   , nous y avons trouvé
ce qui suit :

savoir :

(15)

Nous avons fait ensuite renfermer les hardes et effets dans
(16)   et nous avons appliqué (17)
     une bande de toile (18)

---

(1) *En toutes lettres.*

(2) Matin ou soir.

(3) *Endroit, parage ou hauteur où se trouve le navire. S'il est mouillé (ou amarré), indiquer le nom du port, de la rade, etc.*

(4) *Prénoms et nom.*

(5) *Grade au service.*

(6) *Ou* (4, 5) embarqué sur ledit navire, appelé dans l'ordre du service, à remplacer le capitaine, celui-ci étant mort ou (*cause de l'empêchement*).

(7) *Nom de la personne qui a donné l'avis du décès, de la disparition, etc.*

(8) *Fonction, emploi à bord; ou passager à bord.*

(9) Venait de mourir.
Ou avait disparu du bord (*cause de la disparition*).

(10) *C'est le marin qui vient immédiatement après le capitaine dans l'ordre du service ou après celui qui, d'après la note (6), doit remplacer ce capitaine.*

(11) *Si la personne décédée ou disparue n'a pas de parents à bord, mettre :* témoins.

(12) *Lieu, poste, chambre, etc.*

(13) *Nom de la personne décédée, disparue, etc.*

(14) Malles, caisses, sacs, etc.

(15) *Écrire les nombres en toutes lettres; bien distinguer chaque effet ou objet, et l'état dans lequel il se trouve.*
S'il y a de l'argent, des bijoux, des effets de commerce, détailler exactement l'espèce des monnaies, la nature des valeurs, la forme des bijoux (en indiquant s'ils sont en or ou en argent), les dates, numéros, montant et signatures des effets de commerce, les numéros des titres de rente, actions, obligations, etc.

(16) Les (*nombre*) (14) qui les contenaient.
Ou dans (14), que nous nous sommes procurés à bord.

(17) Sur sa fermeture.
Ou sur la fermeture de chacun d (14).
Ou par-dessus les deux extrémités du cordage placé en croix qui sert à l fermer.

(18) *Qualité et couleur de la toile.*

(19)
et nous avons écrit sur ladite bande :

1° Les nom, prénoms, grade (*ou* profession) dudit (13)

2° Le nom d (20)   , situé dans l'arrondissement d   département d   (21)

Ces formalités remplies, nous avons fait déposer 1   dit (14)   dans (22)   ; et nous prenons l'engagement de 1 remettre, à terre, au commissaire de l'Inscription maritime, dans l'état où il   se trouve   , à moins d'événements de mer légalement constatés.

(23)   *S'il y a lieu, ajouter :*

Indépendamment des objets décrits ci-dessus (*ou d'autre part*), nous avons trouvé dans (24)   un (25)

Après avoir fait une copie littérale dudit testament olographe, et rempli à cet égard les formalités voulues par l'instruction du Ministre de la Marine en date du 3 octobre 1893, nous déclarons :

1° Que le susdit testament et la susdite copie font mention (26)

2° Que l'une et l'autre pièces ont été closes et scellées séparément (27)

3° Que l'acte de suscription de chacune d'elles est ainsi conçu : (28)

} 1° Si le testament est ouvert et non cacheté.

Après avoir rempli les formalités voulues par l'instruction du Ministre de la Marine, en date du 3 octobre 1893, nous déclarons que ce (25)   a été trouvé   clos et scellé (27),   et qu'il porte pour suscription ce qui suit (28) :

} 2° Si les papiers sont trouvés clos et cachetés.

Ce (25)   a été laissé   , dans l'état susdécrit, entre nos mains; nous nous en reconnaissons bien et dûment chargé, et prenons l'engagement de 1 remettre à qui de droit.

Et tout ce que dessus contenant vérité, nous avons dressé le présent procès-verbal pour servir et valoir ce que de raison; et ont signé avec nous, après lecture, MM. (29).

Fait à bord, en double expédition, les jour, mois et an que dessus.

Nota. — Dans le cas où, par crainte de contagion, tout ou partie des hardes devraient être jetées à la mer, on substituera à la formule du présent modèle celle du modèle n° 4.

Ce procès-verbal sera inscrit à sa date sur le rôle d'équipage, avec les actes de l'état civil.

---

(19) Retenue avec de la cire (*verte ou rouge*), et aux quatre coins de laquelle bande nous avons apposé, sur de la cire de même couleur, un cachet (*désignation du cachet*).

Dans le cas où il n'y aurait à bord ni cire, ni autre matière propre à retenir cette bande de toile, on devra coudre ou clouer ladite bande; alors on substituera au paragraphe ci-dessus le suivant :

Qui, faute de cire ou de toute autre matière propre à la sceller, a été cousue ou clouée su 1 dit (14).

(20) *Nom de la commune.*

(21) Qu'il habitait avant son embarquement;

Ou lieu de naissance, celui qu'il habitait avant son embarquement étant inconnu.

(22) Notre chambre *ou dans* (*désignation de l'endroit*), *dont nous avons la clef.*

(23) *S'il existait des objets qui ne fussent pas susceptibles d'être mis dans les malles, sacs, etc., les détailler ici, et indiquer le lieu où ils doivent être entreposés.*

(24) *Indication de l'armoire, du sac, etc.*

(25) *Testament olographe et non cacheté.*

Ou papier ou des papiers clos et scellés, qui nous ont paru pouvoir renfermer ou qui renferment un testament olographe.

(26) *Relater exactement les noms des principaux légataires et le lieu de leur domicile.*

(27) *Dire si chaque pièce est dans un papier servant d'enveloppe, ou si le papier même sert d'enveloppe : dans l'un et l'autre cas, décrire la forme du cachet apposé sur la fermeture, la couleur de la matière et l'empreinte.*

A défaut de cire, relater les noms des personnes qui ont apposé leurs signatures sur la fermeture de chaque paquet.

(28) *Transcrire exactement l'acte de suscription; relater les signatures, etc.*

(29) *Si les parents ou témoins ou l'un d'eux ne savent ou ne peuvent pas signer, porter :*

Et MM. (*noms*), ont dit ne savoir signer, *ou* ne pouvoir signer, attendu (*cause de l'empêchement*);

Ou : MM.   ; M.
ayant dit ne savoir signer, *ou* ne pouvoir signer, attendu (*cause de l'empêchement*).

(N° 4)

PROCÈS-VERBAL

Nota. — Dans ce cas, cette formule est à substituer à celle qui précède.

____

L   l   , armé à commandé par M.

____

CE JOURD'HUI le (1)   du mois d   de l'an mil neuf cent (1)   , à (1)   heure   du (2) étant à (3)

Nous (4)   (5)   , capitaine (6)   avons été averti par (7)   que le Sr (4)
(5)   (8)
inscrit sur le rôle d'équipage, venait de mourir à bord, par suite d (*genre de maladie*).

M. (4)   médecin, consulté à ce sujet, a déclaré que cette maladie était contagieuse et qu'il serait dangereux de conserver à bord les hardes que ledit (9) avait sur lui ou auprès de lui au moment de son décès.
       S'il existe un médecin à bord.

Ayant, à défaut de médecin, consulté, à ce sujet, le Sr (4, 5, 8)   et le Sr (4, 5, 8)   qui viennent après nous dans l'ordre du service, ils ont été, ainsi que nous, d'avis que, cette maladie pouvant être contagieuse, il ne convenait pas de conserver à bord les hardes que ledit (9) avait sur lui ou auprès de lui au moment de son décès.
       S'il n'existe pas de médecin à bord.

En conséquence, et après avoir pris tous les précautions nécessaires, nous avons, en présence de (10) et de l'équipage (et, *s'il y a lieu*, des passagers), fait jeter à la mer par (11)   les effets dont le détail suit, nous étant préalablement assuré qu'aucun d'eux ne contenait ni argent, ni bijoux ou papiers,

---

(1) *En toutes lettres.*

(2) Matin *ou* du soir.

(3) *Endroit, parage ou hauteur où se trouve le navire. S'il est mouillé (ou amarré) indiquer le nom du port, de la rade, etc.*

(4) *Prénoms et nom.*

(5) Grade au service.

(6) *Ou* (4-5) embarqué sur ledit navire, appelé, dans l'ordre du service, à remplir les fonctions de capitaine, celui-ci étant mort *ou* (*cause de l'empêchement*).

(7) *Nom de la personne qui a donné avis du décès.*

(8) *Fonction, emploi à bord, ou passager à bord.*

(9) *Nom de la personne décédée.*

(10) Médecin,
     Ou des deux marins susnommés.

(11) *Lieu ou endroit d'où les effets ont été jetés.*

(12) *Détailler, aussi exactement que possible, les effets jetés; s'ils apparte-naient à un marin ou à un soldat, dire s'ils sont de tenue.*

(13) *C'est le marin qui vient immé-diatement après le capitaine dans l'ordre du service ou après celui qui, d'après la note (6), doit remplacer ce capitaine.*

(14) *Si la personne décédée ou disparue n'a pas de parents à bord, mettre :* Témoins.

(15) *Lieu, poste, chambre, etc.*

(16) *Malles, caisses, sacs, etc.*

(17) *Écrire les nombres en toutes lettres, bien désigner chaque effet ou objet, et l'état dans lequel il se trouve*
S'il y a de l'argent, des bijoux, des effets de commerce, détailler exactement l'espèce des monnaies, la nature des va-leurs, la forme des bijoux (en indiquant s'ils sont en or ou en argent), les dates, numéros, montant et signatures des effets de commerce, les numéros des titres de rente, actions, obligations, etc.

(18) *Le (nombre) (16) qui les con-tenaient;*
Ou dans (16), que nous nous sommes procurés à bord.

(19) *Sur sa fermeture;*
Ou sur la fermeture de chacun d (16).
Ou par-dessus les deux extrémités du cordage placé en croix qui sert à 1 fermer.

(20) *Qualité et couleur de la toile.*

(21) *Retenue avec de la cire (verte ou rouge), et aux quatre coins de laquelle bande nous avons apposé, sur de la cire de même couleur, un cachet (désignation du cachet)*
Dans le cas où il n'y aurait à bord ni cire, ni autre matière propre à retenir cette bande de toile, on devra coudre ou clouer ladite bande; alors on substituera au paragraphe ci-dessus le suivant :
Qui, faute de cire ou de toute autre matière propre à la sceller, a été cousue (ou clouée) sur 1 dit (16).

(22) *Nom de la commune.*

(23) *Qu'il habitait avant son embar-quement;*
Ou lieu de sa naissance, celui qu'il habitait avant son embarquement étant inconnu.

(24) *Notre chambre ou dan (dési-gnation de l'endroit), dont nous avons la clef.*

(25) *S'il existait des objets qui ne fussent pas susceptibles d'être mis dans les malles, sacs, etc., les détailler ici, et indiquer le lieu où ils doivent être entreposés.*

Cette opération terminée, nous sommes immédiatement transporté avec le sieur (13)   (5 et 8) et les sieurs (4, 5, 8)   et (4, 5, 8) parents du décédé (14)   dans l (15), où nous nous sommes fait représenter les autres effets, hardes, etc., qui appartenaient audit (9)

Et ayant fait ouvrir, en présence de l'équipage (et, *s'il y a lieu*, des passagers), les (16) au nombre de (1)   , nous y avons trouvé ce qui suit,

(17)

Nous avons fait ensuite renfermer les hardes et les effets dans (18)

et nous avons appliqué (19)

une bande de toile (20)
(21)

et nous avons écrit sur ladite bande :
1° Les nom, prénoms, grades (*ou profession*) dudit (10)
2° Le nom d (22)   , situé dans l'arrondissement d   département d   (23)
Ces formalités remplies, nous avons fait déposer l dit   (16)   dans (24)   et nous prenons l'engagement de 1   remettre, à terre, au Commissaire de l'Inscription maritime, dans l'état où ils se trouvent, à moins d'événements de mer légalement constatés.
(25)

S'il y lieu, ajouter :

Indépendamment des objets décrits d'autre part (ou ci-dessus), nous avons trouvé dans (26) un (27)

Après avoir fait une copie littérale dudit testament olographe, et rempli à cet égard les formalités voulues par l'instruction du Ministre de la Marine en date du 3 octobre 1893, nous déclarons :

1° Que le susdit testament et la susdite copie font mention (28)

2° Que l'une et l'autre pièce ont été closes et scellées séparément (29)

3° Que l'acte de suscription de chacune d'elles est ainsi conçu (30) :

> 1° Si le testament est ouvert et non cacheté.

———

Après avoir rempli les formalités voulues par l'instruction du Ministre de la Marine en date du 3 octobre 1893, nous déclarons que ce (27) a été trouvé clos et scellé (29), et qu'il porte pour suscription ce qu'il suit (30) :

> 2° Si les papiers sont trouvés clos et cachetés.

———

Ce (27) a été laissé , dans l'état susdécrit, entre nos mains; nous nous en reconnaissons bien et dûment chargé, et prenons l'engagement de l remettre à qui de droit

Et tout ce que dessus contenant vérité, nous avons dressé le présent procès-verbal, pour servir et valoir ce que de raison; et ont signé avec nous, après lecture, MM. (31)

Fait à bord, en double expédition, les jour, mois et an que dessus.

---

(26) *Indication du meuble, de l'armoire, du sac, etc.*

(27) Testament olographe et non cacheté ;

Ou papier ou des papiers clos et scellés qui nous ont paru pouvoir renfermer, ou qui renferment un testament olographe.

(28) *Relater exactement les noms des principaux légataires, et le lieu de leur domicile.*

(29) *Dire si chaque pièce est dans un papier servant d'enveloppe, ou si le papier même sert d'enveloppe; dans l'un et l'autre cas, décrire la forme du cachet apposé sur la fermeture, la couleur de la matière et l'empreinte.*

A défaut de cire, relater les noms des personnes qui ont apposé leurs signatures sur la fermeture de chaque paquet.

(30) *Transcrire exactement l'acte de suscription; relater les signatures, etc.*

(31) *Si les parents ou témoins ou l'un d'eux ne savent ou ne peuvent pas signer, porter :*

Et MM. (noms) ont dit ne savoir signer, *ou* ne pouvoir signer, attendu (*cause de l'empêchement*).

Ou : Et par M. ; M. ayant dit ne savoir signer, *ou* ne pouvoir signer, attendu (*cause de l'empêchement*).

DEUXIÈME SECTION.

ÉTAT CIVIL.

ACTES DE NAISSANCE, DE RECONNAISSANCE D'ENFANTS NATURELS ET DE DÉCÈS; ACTE CONSTATANT QU'UN ENFANT A ÉTÉ PRÉSENTÉ SANS VIE; PROCÈS-VERBAUX DE DISPARITION. } Modèles n°s 5 à 9.

Dans le cas où quelques-uns des mots imprimés sur les modèles différeraient de ceux relatés dans les actes, ils seront rayés : leur nombre sera indiqué, en marge, par un renvoi (*tant* de mots rayés *nuls*), et la personne qui délivrera l'expédition parafera ce renvoi. Si, au contraire, un ou plusieurs mots devaient être ajoutés à la main au-dessus des mots imprimés, on les répétera en marge, en les indiquant au moyen d'un renvoi qui sera également parafé. A la fin de l'expédition on portera : *Bon pour tant de mots rayés, nuls* ou *ajoutés*.

Tous ces actes sont à inscrire à la suite des rôles d'équipage des navires sur l'imprimé n° 3533 et les officiers instrumentaires doivent en remettre des expéditions aux autorités maritimes ou consulaires dans les cas prévus par l'instruction.

Après avoir relaté au bas de chaque expédition les signatures :

1° Des personnes qui ont concouru à la rédaction de l'acte;
2° Des parties intéressées;
3° Des témoins;

les officiers instrumentaires certifieront la conformité de l'expédition avec l'acte même, de la manière suivante :

Pour expédition conforme à (1) inscrit à la
suite du rôle d'équipage dudit navire (folio), laquelle a été délivrée par nous
(*nom et prénoms et grade ou service*), capitaine de ce navire (2), pour être déposée
au bureau de l'Inscription maritime du port (*ou de la Colonie*) d
ou à la chancellerie du consulat de France à

---

(1) L'acte de naissance, — l'acte de reconnaissance, — l'acte de décès, — l'acte constatant qu'un enfant a été présenté sans vie, — procès-verbal de disparition.
(2) Si le capitaine est mort *ou* empêché, suivre ce qu'indique la note 6 des modèles ci-après.

3.

(N° 5)

ACTE DE NAISSANCE.

Nota. — Cet acte doit être rédigé à bord *dans les trois jours qui suivent celui de la naissance.*

———

(1) *En toutes lettres.*

(2) Matin *ou du soir.*

(3) *Endroit, parage ou hauteur où se trouve le navire ; s'il est mouillé, indiquer le nom du port, de la rade, etc.*

Si le navire est arrêté dans un port et ne peut pas communiquer avec la terre, ajouter :

Ne pouvant communiquer avec la terre parce que le navire appareillera incessamment, *ou par l'effet du mauvais temps, ou par suite de quarantaine, etc.*

Si le navire est dans un pays étranger où il n'existe pas d'agent français investi des fonctions d'officier de l'état civil, remplacer le paragraphe précédent par celui-ci :

Où il n'existe pas d'agent français investi des fonctions d'officier de l'état civil.

(4) *Prénoms et nom.*

(5) *Grade au service, profession, etc.*

(6) *Ou* (4, 5), appelé dans l'ordre du service, à remplacer M. (4), capitaine d   qui est mort *ou* (*cause de l'empêchement*).

Nota. — *Si l'enfant appartenait à l'officier instrumentaire, l'acte serait à dresser par la personne qui doit le remplacer en cas de maladie.*

Dans cette hypothèse, on fera mention de cette circonstance dans l'acte de la manière suivante :

Appelé, dans l'ordre du service, à remplacer M.   , qui est le père de l'enfant, etc.

(7) *Dans le cas où le déclarant serait le père de l'enfant, et s'il demeurait, avant son embarquement, à Paris ou dans une grande ville, rappeler, autant que possible, la rue et le numéro, afin de procurer les moyens de faire parvenir plus sûrement l'acte à l'officier de l'état civil de la commune indiquée par le père.*

Ce jourd'hui le (1) du mois d   de l'an mil neuf cent (1) à (1) heure   du (2), étant à (3)

Par-devant nous (4)

(5)

capitaine d

l   , armé à   , (6) et remplissant à bord les fonctions d'officier de l'état civil, en vertu de l'article 59 du Code civil,

A comparu (4)   (5)   , âgé de (1)   ans, domicilié, avant son embarquement, à   (7), arrondissement d   , département de

Lequel nous a présenté un enfant du sexe (8)   né, à bord, (9) à (1)   heure   du (2)   , de lui déclarant et de (10)

son épouse, passagère, et auquel il a déclaré vouloir donner le prénom (*ou les noms*) d (11)

lesdites déclaration et présentation faites en présence de (12)

ENFANT LÉGITIME.

—

1° Déclaration faite par le père.

———

(8) Masculin *ou* féminin.

(9) Hier *ou* aujourd'hui.

(10) *Prénoms et nom, âge et profession de la mère.*

(11) *Prénoms donnés à l'enfant.*

NOTA. — *Les noms en usage dans les différents calendriers et ceux des personnages connus de l'histoire ancienne peuvent seuls être reçus comme prénoms sur les registres de l'état civil et il est interdit aux officiers publics d'en admettre aucun autre. (Art. 1er de la loi du 1er avril 1803 (11 germinal an XI).*

(12) *Prénoms, noms, âge, grades ou professions et domiciles (avant leur embarquement) des deux témoins, qui doivent être pris parmi les officiers du navire ou, à leur défaut, parmi les hommes de l'équipage.*

S'il n'y a qu'un officier qui, d'après son âge, puisse servir de témoin, ajouter après les prénoms, nom, grade, etc., du témoin pris parmi l'équipage :

A défaut d'un second officier à bord ayant l'âge requis par la loi ;

Ou s'il n'y a pas d'officier à bord, ou s'il n'y en avait pas d'assez âgés :

Témoins pris tous deux parmi les gens de l'équipage, à défaut d'officiers à bord, ou à défaut d'officiers ayant l'âge requis par la loi.

(13) Épouse d
(*Prénoms, nom, profession et domicile du mari.*)

Ou veuve d
(*prénoms, nom, profession du mari*),
décédé à   , arrondissement d   département
d

Lequel en l'absence du père nous a déclaré que (9)   , à (1) heure du (2), est né, à bord, un enfant du sexe (8)
qu'il nous a présenté, et auquel il a déclaré donner le prénom (*ou* les prénoms) d (11)
lequel enfant est né de (10)   , passagère, demeurant, avant son embarquement, à (7)   , arrondissement d   , département d (13)

lesdites déclaration et présentation faites en présence de (12)

Lequel nous a déclaré que (9)
à (1)   heure du (2)   , est né, à bord, un enfant du sexe (8)
qu'il nous a présenté, et auquel il a déclaré donner le (*ou* les prénoms) de (11)

se reconnaissant pour être le père de cet enfant, et l'avoir eu de (10)

passagère, demeurant, avant son embarquement, à   , arrondissement d   , département
d

lesdites déclaration et présentation faites en présence de (12)

(14) *Indiquer le nom de la rue ou du quartier, et le numéro de la maison qu'habitait la mère.*

(15) *Si le déclarant ou les témoins ou l'un d'eux ne savaient ou ne pouvaient pas signer, porter :*

Par les deux témoins , le déclarant ayant dit ne savoir écrire ni signer ou ne pouvoir signer, attendu (*cause de l'empêchement*).

Ou : le déclarant et par un des témoins ; M.   ·   , second témoin , ayant dit ne savoir, etc.

Ou : le déclarant, les deux témoins ayant dit, etc.

Lequel nous a déclaré que (10)

passagère, demeurant, avant son embarquement, à (14) arrondissement d   , département d   est accouchée, à bord, (9)   , à (1)   heure du (2)   d'un enfant du sexe (8) qu'il nous a présenté, et auquel est donné le prénom (*ou* sont donnés les prénoms) de (11)

lesdites déclaration et présentation faites en présence de (12)

ENFANT NATUREL.
—

2° Non reconnu par le père.

En foi de quoi nous avons dressé, à la suite du rôle d'équipage dudit navire, le présent acte de naissance, qui a été signé, après lecture, par nous et par (15)

A bord, les jour, mois et an que dessus.

(N° 6)

ACTE DE RECONNAISSANCE

D'UN ENFANT NATUREL, *NÉ* OU *À NAÎTRE.*

Nota. — L'acte pour un enfant NÉ ne peut être dressé que lorsque la reconnaissance n'a pas été faite dans l'acte de naissance dudit enfant.

---

(1) *En toutes lettres.*

(2) **Matin** *ou du soir.*

(3) *Endroit, parage ou hauteur où se trouve le navire; s'il est mouillé, indiquer le nom du port, de la rade, etc.*

Si le navire est arrêté dans un port et ne peut pas communiquer avec la terre, ajouter :

Ne pouvant communiquer avec la terre parce que le navire appareillera incessamment, *ou par* l'effet du mauvais temps, *ou par* suite de quarantaine, etc.

Si le navire est dans un pays étranger où il n'existe pas d'agent français investi des fonctions d'officier de l'état civil, remplacer le paragraphe précédent par celui-ci :

Où il n'existe pas d'agent français investi des fonctions d'officier de l'état civil.

(4) *Prénoms et nom.*

(5) *Grade au service.*

(6) *Ou* (4, 5) appelé, dans l'ordre du service, à remplacer M. (4), capitaine d   , qui est mort *ou* (cause de l'empêchement).

Nota. — *Si l'enfant appartenait à l'officier instrumentaire, l'acte serait à dresser par la personne qui doit le remplacer en cas de mort ou d'empêchement.*

Dans cette hypothèse, on fera mention de cette circonstance dans l'acte de la manière suivante :

Appelé, dans l'ordre du service, à remplacer M.   , qui est père de l'enfant.

CE JOURD'HUI le (1) du mois d   de l'an mil neuf cent (1) à   (1) heure   du (2)   , étant à (3)   ,

Par-devant nous   (4)   (5) capitaine d

armé à   (6) et remplissant à bord les fonctions d'officier de l'état civil, en vertu de l'article 62 du Code civil,

A comparu   (4)   (5)   (7)   , âgé de (1) ans, né à   , arrondissement d   , département d   , domicilié avant son embarquement, à   (8)   arrondissement d   , département d   ; l quel , en présence de (9)   , témoins, a; par ces présentes, reconnu volontairement et librement pour s   (10)   , (11)

né   le   (1) du mois de de l'an mil huit cent (1)   , et inscrit aux registres de l'état civil de la commune d   , arrondissement d   , département d   ; à la date du   , comme (10)   de et de (12)

1° Par le père ou par la mère.

---

(7) *Profession, emploi à bord du père.*

Ou profession de la mère, passagère à bord.

(8) *Si c'est une grande ville, indiquer autant que possible la rue et le numéro.*

(9) *Prénoms, noms, âges, grades ou professions et domiciles (avant leur embarquement) des deux témoins, qui doivent être pris parmi les officiers du navire, ou, à défaut, parmi les hommes de l'équipage.*

S'il n'y a qu'un officier qui, d'après son âge, puisse servir de témoin, ajouter après les prénoms, nom, grade, etc., du témoin pris parmi l'équipage :

A défaut d'un second officier à bord ayant l'âge requis par la loi.

Ou s'il n'y a pas d'officiers à bord, ou s'il n'y en a pas d'assez âgés :

Témoins pris tous deux parmi les gens de l'équipage, à défaut d'officiers à bord, ou à défaut d'officiers ayant l'âge requis par la loi.

(10) *Fils ou fille.*

(11) *Prénoms et nom donnés à l'enfant dans son acte de naissance.*

(12) *Reporter les indications de l'acte de naissance.*

(13) *Que porte en ce moment dans son sein.*

Ou dont doit être accouchée en ce moment.

(14) *Si la mère de l'enfant réside à Paris ou dans une grande ville, indiquer, autant que possible, le nom de la rue ou du quartier qu'elle habite, afin de procurer les moyens de faire parvenir plus sûrement à l'officier de l'état civil l'acte de reconnaissance qu'il doit inscrire sur ses registres.*

(15) *Le comparant ou la comparante, ou les comparants, et les témoins.*

Si les uns ou les autres ne pouvaient écrire ou signer, porter :

Le comparant ou la comparante, et par l'un des témoins, M. second témoin, ayant dit ne pouvoir signer, attendu (cause de l'empêchement);

Ou les deux témoins, ayant dit ne savoir, etc.

Ou les deux témoins le comparant ou la comparante ayant dit ne savoir, etc.

:

Ont comparu (4) (5) (7) âgé de (1) ans, domicilié, avant son embarquement, à (8), arrondissement d , département d ; et (4) , passagère à bord, demeurant, avant son embarquement, à (8) , arrondissement d , département d , déclaré reconnaître volontairement et librement pour leur (10) (11) , né le (1) , et inscrit aux registres de l'état civil de la commune d , arrondissement d , département d , à la date du , comme (10) de et de (12)

> **Reconnaissance faite par le père et la mère.**

A comparu (4) (5) (7) âgé de (1) ans, domicilié, avant son embarquement, à (8) , arrondissement d , département d , lequel en présence de (9) témoins, a déclaré reconnaître volontairement et librement pour son enfant celui (13) (4, 7) demeurant à (14) , arrondissement d , département d .

> **Reconnaissance d'un enfant à naître.**

En foi de quoi nous avons dressé, à la suite du rôle d'équipage dudit navire, le présent acte, qui a été signé, après lecture, par nous et par (15)

À bord, les jour, mois et an que dessus.

(N° 7)

ACTE DE DÉCÈS.

Nota. — Cet acte n'est à dresser à bord que lorsque l'identité du cadavre peut y être constatée.

Il est alors à rédiger *dans les vingt-quatre heures qui suivent le décès.*

———

Ce jourd'hui le (1) du mois de   de l'an mil neuf cent (1),   à (1) heure   du (2), étant à (3)

Nous (4)   (5)   capitaine d
l   armé à   (6), remplissant à bord les fonctions d'officier de l'état civil, en vertu de l'article 86 du Code civil;

En présence de M. (7)   , âgé de (1) ans, domicilé, avant son embarquement, à   , arrondissement d   , département d   .

Et M. (7)   , âgé de (1)   ans, domicilié, avant son embarquement, à   , arrondissement d   , département d   , appelés comme témoins,

déclarons et attestons, après avoir constaté l'identité du cadavre, que (4-5)

fils de   (8) (*ou de feu*)   Nota. — *Indiquer, autant que possible,*
et de   (8) (*ou de feu*)   *leur profession et leur domicile.*

né le   mil huit cent (1)
à   , arrondissement d
département d

---

(1) *En toutes lettres.*

(2) Matin ou du soir.

(3) *Endroit, parage ou hauteur où se trouve le navire. S'il est mouillé, indiquer le nom du port, de la rade, etc.*

Si le navire est arrêté dans un port et ne peut pas communiquer avec la terre, ajouter :

Ne pouvant communiquer avec la terre parce que le navire appareillera incessamment, ou par l'effet du mauvais temps, ou par suite de quarantaine, etc.

Si le navire est dans un pays étranger où il n'existe pas d'agent français investi des fonctions d'officier de l'état civil, remplacer le paragraphe précédent par celui-ci :

Où il n'existe pas d'agent français investi des fonctions d'officier de l'état civil.

(4) *Prénoms et nom.*

(5) *Grade au service.*

(6) *Ou* (4, 5) appelé, dans l'ordre du service, à remplacer M. (4), capitaine d   , qui est mort, *ou (cause de l'empêchement).*

Nota. — *Si le défunt était parent de l'officier instrumentaire, l'acte serait à dresser par la personne qui doit le remplacer en cas de mort ou d'empêchement.*

Dans cette hypothèse, on fera mention de cette circonstance dans l'acte de la manière suivante :

Appelé, dans l'ordre du service, à remplacer M.   qui est (degré de parenté du défunt).

(7) *Prénoms, noms, âges, grades ou professions et domiciles (avant leur embarquement) des deux témoins, qui doivent être, s'il est possible, parents du défunt; à défaut, on aura recours aux officiers ou aux gens de l'équipage.*

S'il n'y a qu'un officier qui, d'après son âge, puisse servir de témoin, ajouter après les prénoms, nom, grade, etc., du témoin pris dans l'équipage :

A défaut d'un second officier à bord ayant l'âge requis par la loi.

Ou s'il n'y a pas d'officier à bord, ou s'il n'y en a pas d'assez âgés :

Témoins pris tous deux parmi les gens de l'équipage, à défaut d'officiers à bord, ou à défaut d'officiers ayant l'âge requis par la loi.

(8) *Ou* de père et mère inconnus aux déclarants.

(9) *Si l'individu décédé demeurait, avant son embarquement, à Paris ou dans une grande ville, rappeler, autant que possible, la rue et le numéro, afin de faire parvenir plus sûrement à l'officier de l'état civil l'acte de décès que celui-ci doit inscrire sur ses registres.*

(10) Célibataire *ou* époux de (4) *ou* veuf de (4), *si les déclarants possèdent ces renseignements.*

(11) *Ne point indiquer la cause ou le genre de la mort.*

(12) Hier *ou* aujourd'hui.

(13) *Si l'un des témoins ou les deux témoins ne savaient ou ne pouvaient pas signer, porter :*

Et par l'un des témoins, M. ayant déclaré ne savoir écrire ni signer, ou ne pouvoir signer, attendu (*cause de l'empêchement*) ;

Ou les deux témoins ayant déclaré ne savoir écrire ni signer, *ou* ne pouvoir signer, attendu (*cause de l'empêchement*).

domicilié, avant son embarquement, à (9)
arrondissement d   , département d
(10)
inscrit au quartier de   f°   n°
et sur le rôle d'équipage en qualité de
est décédé à bord (11)
(12)   , à (1)   heure   du (2)

En foi de quoi nous avons dressé, à la suite du rôle d'équipage dudit navire, le présent acte de décès, qui a été signé, après lecture, par nous (13)

A bord, les jour, mois et an que dessus.

(N° 8)

ACTE

CONSTATANT QU'UN ENFANT, DONT LA NAISSANCE N'A PAS
ÉTÉ ENREGISTRÉE, A ÉTÉ PRÉSENTÉ SANS VIE.

---

(1) *En toutes lettres.*

(2) *Matin ou du soir.*

(3) *Endroit, parage ou hauteur où se trouve le navire. S'il est mouillé, indiquer le nom du port, ou de la rade.*
Si le navire est arrêté dans un port et ne peut communiquer avec la terre, ajouter :
Ne pouvant communiquer avec la terre parce que le navire appareillera incessamment, *ou par* l'effet du mauvais temps, *ou par* suite de quarantaine, etc.
Si le navire est dans un pays étranger où il n'existe pas d'agent français investi des fonctions d'officier de l'état civil, remplacer le paragraphe précédent par celui-ci.
Où il n'existe pas d'agent français investi des fonctions d'officier de l'état civil.

(4) *Prénoms et nom.*

(5) *Grade au service.*

(6) *Ou* (4, 5) appelé, dans l'ordre du service, à remplacer M. (4), capitaine d , qui est mort, *ou* (*cause d'empêchement*).

NOTA. — *Si l'enfant appartenait à l'officier instrumentaire, l'acte serait à dresser par la personne qui doit le remplacer en cas de mort ou d'empêchement.*
Dans cette hypothèse, on fera mention de cette circonstance dans l'acte de la manière suivante :
Appelé, dans l'ordre du service, à remplacer M. qui est le père de l'enfant, etc.

(7) *Dans le cas où le déclarant serait le père de l'enfant, et s'il demeurait, avant son embarquement, à Paris ou dans une grande ville, rappeler, autant que possible, la rue et le numéro, afin de faire parvenir plus sûrement l'acte à l'officier de l'état civil de la commune indiquée par le père.*

CE JOURD'HUI le (1)   du mois d   de l'an mil neuf cent (1)   à (1)   heure du (2),   étant à (3)

Par-devant nous (4)   (5) capitaine d   l   , armé à   , (6)

remplissant à bord les fonctions d'officier de l'état civil,
    A comparu (4)   (5)   , âgé de (1) ans   , domicilié avant son embarquement à (7)   , arrondissement d   , département d
lequel, en présence d (8)

témoins, nous a présenté sans vie un enfant du sexe (9) et nous a déclaré que

Son épouse (10)
passagère à bord, y est accouchée de cet enfant, qui est sorti du sein de sa mère le (1)   du mois d   de l'an mil neuf cent (1)   , à (1) heure du (2)

1° Si le père est présent.

---

(8) *Prénoms, noms, âges, grades ou professions ou domiciles (avant leur embarquement) des deux témoins, qui doivent être pris parmi les officiers du navire, ou, à leur défaut, parmi les hommes de l'équipage.*

S'il n'y a qu'un officier qui, d'après son âge, puisse servir de témoin, ajouter, après les prénoms, nom, grade, etc. du témoin pris parmi l'équipage :

A défaut d'un second officier à bord ayant l'âge requis par la loi.

Ou, s'il n'y a pas d'officier à bord, ou s'il n'y en a pas d'assez âgés :

Témoins pris tous deux parmi les gens de l'équipage, à défaut d'officiers à bord, ou à défaut d'officiers ayant l'âge requis par la loi.

(9) Masculin *ou* féminin.

(10) *Prénoms, nom, âge et profession de la mère.*

(11) *Ou de feu* (4).

Nota. — *Si le mari n'est pas mort, ajouter :*

Empêché de comparaître pour (*cause de l'empêchement*), et domicilié à (7)
arrondissement d
département d

(12) *Si le déclarant ou les témoins (ou l'un d'eux) ne savaient ou ne pouvaient pas signer, on portera :*

Et par les deux témoins, le déclarant ayant dit ne savoir écrire ni signer, ou ne pouvoir signer, attendu (*cause de l'empêchement*);

Ou par le déclarant et l'un des témoins, M.   , second témoin, ayant dit ne savoir écrire ni signer, ou ne pouvoir signer, attendu (*cause de l'empêchement*);

Ou le déclarant et les deux témoins ayant dit ne savoir écrire et signer, attendu (*cause de l'empêchement*).

(10)   , passagère à bord, demeurant, avant son embarquement, à (7)   , arrondissement d   , département d   , femme légitime d (4)   (11)   , y est accouchée de cet enfant, qui est sorti du sein de sa mère le (1)   du mois de l'an mil neuf cent (1) à (1)   heure   du (2)

} 2° Si le père est absent *ou* mort.

(10)   , passagère à bord, demeurant, avant son embarquement, à (7)   , arrondissement d   , département d   , y est accouchée de cet enfant, qui est sorti du sein de sa mère le (1)   du mois d de l'an mil neuf cent (1) à (1)   heure   du (2)

} 3° Si c'est un enfant naturel,

En foi de quoi nous avons dressé, à la suite du rôle d'équipage dudit navire, le présent acte, qui a été signé après lecture par nous (12).

A bord, les jour, mois et an que dessus,

(N° 9)

PROCÈS-VERBAL DE DISPARITION.

(Ne pouvant tenir lieu d'acte de décès.)

---

(1) *La date en toutes lettres.*

(2) *Indiquer exactement l'endroit, parage ou hauteur où se trouve le navire. S'il est mouillé ou amarré, indiquer le nom du port, la rade, etc. S'il est en mer, indiquer la longitude et la latitude.*

(3) Nom, prénoms et qualité.

(4) *Ou (3) appelé, dans l'ordre du service, à remplacer M. (5), capitaine d   qui est mort, ou (cause de l'empêchement).*

(5) *Nom et prénoms.*

(6) *Aujourd'hui ou hier.*

(7) *Consigner textuellement la déclaration des témoins de l'événement, ou les circonstances dans lesquelles il s'est produit.*

CE JOURD'HUI, le (1)   du mois d   l'an mil neuf cent   , à   heure   du étant à (2)

Par-devant nous (3)   , capitaine d   l armé à   , (4) agissant en vertu de l'article 87 du Code civil, a comparu   le   nommé (3)   l   quel   nous   déclaré que le nommé (5)
fils de   et de
né le (1)   mil huit cent
à   arrondissement d
département d   , domicilié avant son embarquement à   arrondissement d
département d   , inscrit au quartier de
f°   n°   , porté sur le rôle d'équipage en qualité d   ,
a disparu (6)   , à   heure   du   dans les circonstances suivantes (7)

Et pour constater l'événement dont il s'agit, nous avons inscrit à la suite du rôle d'équipage le présent procès-verbal, qui a été signé par les sieurs (8)
et par nous, après leur en avoir donné lecture.

A bord, les jour, mois et an que dessus.

(8) *Si les témoins ou l'un d'eux ne savent pas ou ne peuvent pas signer, le mentionner en indiquant la cause de l'empêchement.*

QUESTIONNAIRE A REMPLIR (9).

---

(9) *Le capitaine ou celui qui le remplace devra répondre aux questions posées ci-dessous.*

1° Y avait-il des navires en vue? A quelle distance?
2° Étiez-vous en vue des côtes? A quelle distance?
3° Quel était l'état de la mer?
4° Quelle était la vitesse du navire?
5° Pouvez-vous dire quelle était la direction du courant?
6° Quels moyens ont été tentés pour sauver l'individu disparu?
7° Pensez-vous qu'il ait pu échapper à la mort?
8° S'est-il fait des blessures en tombant à la mer?
9° Des circonstances physiques de santé ou de constitution pouvaient-elles augmenter ou diminuer les chances de sa mort?

(10) *Signature du capitaine ou de celui qui le remplace.*

(10)

Vu pour la légalisation de la signature ci-dessus.

, le   19   .

Appréciation du Commissaire de l'Inscription maritime ou du Consul qui reçoit le dépôt de l'acte, et renseignements complémentaires, s'il y a lieu.

TROISIÈME SECTION.

TESTAMENTS.

SUSCRIPTION DES ENVELOPPES DEVANT LES CONTENIR ET ACTES DE SUSCRIPTION.

(MODÈLES 10 À 13.)

(1) *En toutes lettres.*

(2) Matin *ou* du soir.

(3) *Endroit, parage* ou *hauteur où se trouve le navire.*

Si le navire est arrêté dans un port et ne peut pas communiquer avec la terre, ajouter :

Ne pouvant communiquer avec la terre parce que le navire appareillera incessamment, *ou* par l'effet du mauvais temps, *ou* par suite de quarantaine, *etc.*

Si le navire est dans un pays étranger où il n'existe pas d'agent français investi des fonctions de notaire, remplacer le paragraphe précédent par celui-ci :

Où il n'existe pas d'agent français investi des fonctions de notaire.

(4) *Prénoms et noms.*

(5) *Grade au service.*

(6) *Ou* remplissant à bord d   armé à   , les fonctions de capitaine, par suite (*cause de l'empêchement*) ou du décès de M.

;

Ou embarqué sur l   etc., et appelé, dans l'ordre du service, à remplacer M.   capitaine, attendu que (*prénoms et noms du testateur*) est son parent ou son allié au degré prohibé par les lois (*indiquer le degré de parenté*).

Ou embarqué sur l   etc., et appelé, dans l'ordre du service, à remplacer M.   capitaine, attendu que l'un des parents (*ou* que plusieurs des parents) dudit capitaine doivent, suivant la déclaration d   (*prénoms et nom du testateur*), être compris dans les dispositions testamentaires qui vont suivre.

Ou embarqué sur l   , et appelé, dans l'ordre du service, le capitaine étant mort *ou* (*cause de l'empêchement*), à remplacer M. (4), second (*ou* le plus élevé en grade) du navire, qui a pris le commandement, pour remplir, en son lieu et place, les fonctions d'officier instrumentaire, attendu que ce dernier ne sait pas écrire, *ou* n'a pas l'âge requis par la loi.

(7) *Fonction, emploi à bord ou* passager à bord.

(8) *Si le testateur avait, avant son embarquement, habité Paris ou une grande ville, indiquer le nom de la rue et le numéro de la maison qu'il déclarera.*

(9) Chambre, poste, *etc.*

(10) Second du navire.

Ou appelé par nous   à défaut de (6), second du navire, ce dernier :

Ou ne sachant ni lire ni écrire ;

Ou n'ayant pas l'âge requis par la loi ;

Ou étant notre parent, *ou* étant parent de (4), qui est le testateur, etc.

(N° 10)

TESTAMENT PAR ACTE PUBLIC.

Nota. — *Dispositions des articles 13, 15 et 16 de la loi du 16 mars 1803 (25 ventôse an XI) sur le notariat, applicables au présent testament.*

Les testaments doivent être écrits en un seul et même contexte, lisiblement, sans abréviations, blanc, lacunes ni intervalles.

Ils contiendront les noms, prénoms, qualités, demeures des parties, ainsi que des témoins.

Ils énonceront *en toutes lettres* les sommes et les dates.

Les renvois et apostilles ne peuvent, sauf l'exception ci-après, être écrits qu'en marge ; ils doivent être signés et parafés, tant par les personnes chargées de recevoir les testaments et de concourir à leur réception que par le testateur et les témoins ; si la longueur du renvoi exige qu'il soit transporté à la fin de l'acte, ce renvoi devra être non seulement signé et parafé comme les renvois écrits en marge, mais encore être expressément approuvé par les personnes qui viennent d'être désignées, à peine de nullité du renvoi.

Il ne doit y avoir ni surcharge ni interligne dans le corps de l'acte ; les mots à supprimer seront rayés de manière que le nombre puisse en être constaté à la marge de leur page correspondante, ou à la fin de l'acte, et approuvé ainsi qu'il est dit ci-dessus pour les renvois écrits en marge.

———

CE JOURD'HUI le   (1)   du mois de   de l'an mil neuf cent   (1), à   (1)   heure du   (2)   , étant à   (3)

Nous   (4)   (5)   capitaine d   l   armé à   , (6)   ayant été appelé de la part d   (4)   (5)   (7) domicilié, avant son embarquement,   (8)   arrondissement d   département d

Nous sommes transporté, conjointement avec M   (4)   (5)   (10)   dans l (9)

} 1° Gens de l'équipage et passagers* ;

———

* *Si le testateur est en état de marcher, il doit se présenter à l'officier instrumentaire, et alors celui-ci substituera à cette formule celle ci-après :*

Par-devant nous   (5)   , capitaine de   l   armé à   , (6)   , s'est présenté, accompagné de MM.   (11)   , qu'il produit comme témoins de cet acte, M. (4, 5, 7), domicilié, avant son embarquement, à   (8)   arrondissement d   , département d   , lequel nous a paru, ainsi qu'aux personnes susnommées (14)   , et nous a dit que, pour prévenir l'heure de la mort, il nous requérait, etc. (*Le reste comme à la page suivante.*)

4.

Nous   (4)   (5)
second du navire, devant remplacer M.
(4)   (5)   capitaine, qui est
le testateur*, ayant été appelé, de la part
dudit (4), domicilié, avant son embarquement, à   (8)   , arrondissement
d   département d
Nous sommes transporté dans l (9)
   , conjointement avec M.
(4, 5, 10)

} 2° Capitaine.

ou étaient présents MM.   (11)
témoins.

NOTA. — Ces témoins ne peuvent être ni les légataires du testateur, à quelque titre qu'ils soient, ni ses parents ou alliés, ni les parents ou alliés de la personne chargée de recevoir le testament, ni de la personne conjointement avec laquelle il doit être reçu, ni enfin les serviteurs des uns et des autres.

Nous avons trouvé ledit (12)
(13)   , lequel nous a paru, ainsi qu'aux personnes susnommées   (14)
et nous a dit que, pour prévenir l'heure de la mort, il nous requérait, conformément à l'article 988 du Code civil, de recevoir ses dernières volontés, qu'il nous a dictées mot à mot, et que nous (15)   , avons écrites ainsi qu'il suit, en présence desdits sieurs   (16)
Premièrement je   (17)

NOTA. — Il est impossible de faire connaître ici les différentes dispositions qui peuvent être insérées dans les testaments par actes publics, puisqu'elles sont subordonnées à la volonté des testateurs; cependant, pour éclairer lesdits testateurs à cet égard, on a indiqué ci-après (p. 57 et 58), *mais comme simples renseignements*, les formules de quelques-unes des dispositions principales qui peuvent être faites.

Ainsi qu'il a été dit dans l'Instruction, la reconnaissance d'un enfant naturel peut être faite par un acte spécial ou par un testament par acte public; dans ce dernier cas, le testateur doit déclarer à l'officier instrumentaire les nom et prénoms inscrits sur l'acte de naissance de l'enfant qu'il veut reconnaître, et lui procurer sur le lieu et la date de la naissance de cet enfant, sur le nom de la mère (*s'il a l'intention de l'indiquer*), les renseignements mentionnés dans la formule des actes de reconnaissance d'enfants naturels (modèle n° 6).

Tout ce que dessus, qui nous a été dicté par (18)
lui ayant été lu et relu à voix distincte, il a déclaré le bien comprendre et y persévérer.

Nous lui avons alors donné lecture, conformément à la loi, de l'article 994 du Code civil, et lui avons demandé s'il avait fait choix d'un notaire pour le dépôt de son testament, à quoi il a répondu (20)

Le tout en présence de (19)   et des deux témoins susnommés.

(21) *Noms des témoins.*

Et pour que personne ne puisse ignorer que le présent est bien l'expression de sa volonté, il l'a signé avec nous et avec M.   (19) et MM.   (21)

Si le testateur sait *ou* peut signer, et si les témoins savent écrire et signer.

M. (12)   nous ayant déclaré ne savoir écrire ni signer, ont seuls signé avec nous, M. (19) et MM. (21)

Si le testateur ne sait écrire ni signer, *idem.*

(22) *Énoncer clairement la cause ou les causes de l'empêchement.*

M. (12)   nous ayant déclaré ne pouvoir signer, attendu (22)   , ont seuls signé avec nous M. (19) et MM. (21)

S'il ne peut signer, *idem.*

(23) *Nom du témoin qui sait écrire et signer.*

(24) Idem *qui ne sait écrire ni signer.*

(25) Ne savoir écrire et signer *ou* ne pouvoir signer, attendu (*cause de l'empêchement*).

Et, pour que personne ne puisse ignorer que le présent est bien l'expression de sa volonté, il l'a signé avec nous et avec M. (19)   et M. (23)   , témoin; quant à M. (24)   , second témoin, il nous a déclaré (25)

Si le testateur peut *ou* sait signer, mais si l'un des témoins ne sait écrire et signer, ou ne peut signer (*aux termes de l'article 998 du Code civil, le testament doit être signé au moins par l'un des deux témoins.* (Voir p. 18).

(26) *Ou* en simple original, en raison de l'état de santé du testateur qui (*cause de l'empêchement*).

Ainsi fait, lu et passé, à bord, les jour, mois et an que dessus, en double original (26).

Le testateur ayant pris la plume et tenté inutilement de signer, quoiqu'il eût déclaré qu'il le pourrait, ce qui a donné lieu à la mention précédente de sa signature, n'a pu tracer que les caractères imparfaits ci-dessus, ce qui est attesté par nous et les sus-nommés; et lecture a été faite de la présente attestation, après laquelle ont signé avec nous, M. (19) et MM. (21)

NOTA. — L'un des témoins au moins doit pouvoir signer.

Si, par l'effet de la maladie, un testateur qui a déclaré pouvoir signer ne pouvait ensuite que tracer des caractères imparfaits, l'officier instrumentaire ajoutera au bas de cet acte le paragraphe ci-contre.

Et le testateur, qui avait déclaré pouvoir signer, ce qui avait donné lieu à la mention précédente de sa signature, ayant fait de vains efforts pour se lever et signer, est mort sans avoir pu apposer sa signature; et lecture a été faite de la présente observation, après laquelle ont signé, etc. (*comme ci-dessus*).

Si le testateur meurt au moment où il se disposait à signer, l'officier instrumentaire se conformera à la formule ci-contre.

Le présent testament n'ayant pu, pour les motifs ci-dessus énoncés, être fait en double original, nous en avons dressé cette expédition que, d'accord avec M. (29) et les deux témoins susnommés, nous certifions conforme en tous points à l'original écrit par nous sous la dictée de (12)

Si, en raison de l'état de santé du testateur, il n'a pu être dressé un second original du testament.

(Signatures de l'officier instrumentaire, de la personne qui l'assiste et des deux témoins ou de l'un d'eux.)

Voir, pour les renvois non indiqués en marge, ceux de même numéro du modèle précédent.

(N° 11)

SUSCRIPTION

DE L'ENVELOPPE QUI DOIT RENFERMER CHACUN DES ORIGINAUX, OU L'ORIGINAL ET L'EXPÉDITION D'UN TESTAMENT PAR ACTE PUBLIC.

NOTA. — Les deux originaux ou l'original et l'expédition du testament, revêtus des formalités et signatures indiquées au modèle n° 10, doivent être incontinent clos et scellés par l'officier instrumentaire, en présence :

1° De la personne conjointement avec laquelle le testament a été reçu;

2° Du testateur;

3° Des témoins.

____

(27) Premier ou second.

(28) *Si le testateur était mort avant l'accomplissement de cette formalité, ajouter :*
Décédé avant que nous ayons pu clore et sceller les originaux dudit testament.

(29) Contenant ledit testament, *ou* servant d'enveloppe audit testament.

(30) *Couleur de la cire*, ou, *à défaut*, *désignation de la matière employée.*

(31) *Empreinte du cachet ou de toute autre marque.*
Si le testateur n'a pas de cachet, faire apposer sa signature sur la fermeture de chaque paquet, et alors porter :
Et le testateur n'ayant pas de cachet, il a apposé sa signature sur la fermeture dudit papier;
Ou : Le testateur n'ayant pas de cachet, et ayant déclaré ne savoir écrire ni signer, *ou* ne pouvoir signer, attendu (*cause de l'empêchement*) nous, ainsi que les témoins, avons apposé nos signatures sur la fermeture dudit papier;
Ou : Le testateur étant mort comme il est dit ci-dessus, nous, ainsi que les témoins, avons apposé nos signatures sur la fermeture dudit papier.

(32) *Si le testateur a fait choix d'un notaire pour le dépôt de son testament, ajouter :*
Il devra être déposé, suivant la volonté du testateur, chez maître   , notaire à

(33) *Si l'un des témoins ne savait ou ne pouvait signer, porter :*
M. (4)   , l'un des témoins, a déclaré ne savoir écrire ni signer, *ou* ne pouvoir signer, attendu (*cause de l'empêchement*).

(27)   original (*ou* expédition) du testament par acte public dressé le (1)   du mois d   de l'an mil neuf cent (1)   , à bord d
l   , armé à   , par le soussigné, conjointement avec M. (19)   , et en présence de MM. (21)   , témoins, et ce, sur la réquisition de (4, 5, 7)   , domicilié, avant son embarquement, à (8)
arrondissement d   département d
(28)

Le présent papier (29)
est scellé à sa fermeture avec (30)   , et par un cachet portant pour empreinte (31)
(32)
A bord, les jour, mois et an que dessus (33).

NOTA. — Les deux enveloppes, une fois closes et cachetées, doivent rester entre les mains de l'officier instrumentaire, qui se conformera, pour leur remise à terre, aux articles 991 et 992 du Code civil (*p. 19 de l'Instruction*).

Ces formalités remplies, elles ne peuvent plus être ouvertes à bord; toutes nouvelles dispositions de la part de celui qui aura fait dresser l'acte devront être l'objet d'un nouveau testament (*ou* codicille).

Et, dans ce cas, le testateur, assisté de deux témoins, mandera l'officier instrumentaire du navire, ou se présentera à lui, et cet officier exécutera les dispositions ci-dessus, tant pour la réception et la rédaction du nouveau testament (en double original) que pour les actes de suscription des enveloppes qui doivent le contenir.

L'officier instrumentaire restera également dépositaire de ce nouveau testament, et il en fera la remise à terre, ainsi qu'il es prescrit pour le premier.

FORMULES

DE QUELQUES DISPOSITIONS TESTAMENTAIRES QUI PEUVENT ÊTRE INSÉRÉES DANS LES TESTAMENTS OLOGRAPHES OU PAR ACTE PUBLIC, *ET QUI SONT INDIQUÉES ICI COMME SIMPLES RENSEIGNEMENTS.*

Je donne et lègue à dame (*prénoms et nom*) domiciliée à   , rue   , n°   , arrondissement d département d   , ma femme, tous les biens, meubles et immeubles qui m'appartiendront au jour de mon décès, pour en jouir et disposer par elle en toute propriété et jouissance, l'instituant, à cet effet, ma légataire universelle.

1° Legs universel s'il n'y a pas d'héritier ayant droit à une réserve.

En toute propriété par un mari à sa femme.

Je donne, etc. (*comme ci-dessus*), ma femme, l'usufruit, pendant sa vie, de tous les biens, etc. (*comme ci-dessus*), pour en jouir, à compter dudit jour de mon décès, sans qu'elle soit tenue de former la demande en délivrance du présent legs (1), l'instituant, à cet effet, ma légataire universelle, en usufruit seulement.

En usufruit (idem).

Je donne, etc. (*comme ci-dessus*), ma femme, moitié, en usufruit seulement, de tous les biens, etc. (*comme ci-dessus*), pour en jouir par elle pendant sa vie, à compter du jour de mon décès.

2° Legs à titre universel. Par un mari à sa femme de la moitié en usufruit seulement.

Je donne, etc. (*comme ci-dessus*), ma femme, un quart, en usufruit seulement, et un autre quart en toute propriété, de tous les biens, etc., pour jouir, savoir, pendant sa vie seulement, du premier quart, et jouir et disposer en toute propriété de l'autre quart; le tout à compter du jour de mon décès.

Nota. — Ces legs peuvent être faits de la même manière par une femme à son mari.

Idem de la portion disponible, lorsqu'il y a des enfants.

Je donne et lègue :

1° Aux pauvres de la commune d   , arrondissement d département d   , la somme d (*en toutes lettres*), une fois payée; je veux que cette somme soit remise au maire (*ou au curé de la paroisse*) de ladite commune, pour en faire la distribution;

2° A (*prénoms, nom*), présent à bord (*ou domicilié à   , rue   , arrondissement d   , département d   *), mon domestique, s'il est encore à mon service le jour de mon décès, une somme de (*en toutes lettres*), une fois payée, *ou* (*somme en toutes lettres*) de rente annuelle *ou* viagère, exempte de toute retenue, et payable par trimestre, de trois mois en trois mois, laquelle rente commencera à courir du premier jour du trimestre dans lequel je serai décédé.

3° Legs particuliers.

---

(1) *Si l'intention du testateur est de dispenser la femme de fournir caution, on devra ajouter : et de fournir caution.*

3° A mon parent (*degré de parenté*), une somme de (*en toutes lettres*), une fois payée (*ou* un bijou, un meuble, immeuble ou effet quelconque);

4° A (*prénoms, nom et domicile*), mon ami, une somme de (*en toutes lettres*), une fois payée (*ou* un bijou, un meuble, etc.), que je prie d'accepter comme un gage de mon amitié;

5° Par préciput et hors part, à (*prénoms et nom*), mon fils (*ou* ma fille), ma maison située à   , département d   (*ou* tout autre bien), consistant   , et tout le mobilier qui s'y trouve, à l'exception des deniers comptants et créances, pour en jouir et disposer en pleine propriété et jouissance, à compter du jour de mon décès.

3° Legs particuliers.
(Suite.)

1° Je donne et lègue, par préciput et hors part, à (*prénoms*), mon fils aîné, toute la portion des biens dont la loi me permet de disposer;

2° J'institue pour mes héritiers, chacun par égale portion, dans tous mes autres biens, meubles et immeubles, tous ceux de mes enfants qui se trouveront vivants au jour de mon décès; et, dans le cas où l'un de mes enfants ou quelques-uns d'eux seraient décédés avant moi et auraient laissé des enfants en ligne directe qui m'auraient survécu, j'institue lesdits descendants pour la portion qui serait revenue à l'enfant dont ils seront descendus, s'il m'avait survécu.

4° Institution d'héritiers avec legs, par préciput, de la portion disponible au profit de l'aîné des enfants.

Je donne et lègue :

1° A (*prénoms, nom et domicile*), mon neveu, la somme de (*en toutes lettres*), s'il épouse demoiselle (*prénoms, nom et domicile*). Cette somme lui sera payée le lendemain de la célébration du mariage;

2° A dame (*prénoms, nom et domicile*), épouse d (*prénoms et nom*), la somme de (*en toutes lettres*), sous la condition que cette somme n'entrera point dans la communauté, mais sera propre à ladite dame.

5° Legs conditionnel.

Je nomme pour exécuteur du présent testament M. (*prénoms, nom, qualité* ou *profession et domicile*), que je prie de vouloir bien prendre cette peine;

Et s'il y a lieu, pour faciliter cette exécution, je lui donne la saisine pendant l'an et jour.

Je le prie d'accepter pour diamant (1), et comme un gage de mon amitié, une somme de (*en toutes lettres*), une fois payée; ou.......................

Nomination d'un exécuteur testamentaire, avec saisine, s'il y a lieu.

Je révoque tous testaments ou codicilles que j'ai pu faire avant le présent; auquel seul je m'arrête comme contenant mes dernières volontés.

Clause de révocation de testaments antérieurs, s'il y a lieu.

----

(1) Le mot *diamant* est consacré par l'usage; il exprime le legs particulier qui peut être fait à l'exécuteur testamentaire.

Voir pour les renvois non indiqués en marge, ceux de même numéro des modèles n° 10, Testament par acte public, et n° 11, Acte de suscription.

(N° 12)

ACTE DE SUSCRIPTION

D'UN TESTAMENT OLOGRAPHE *OU* DE PAPIERS OUVERTS ET
NON CACHETÉS, TROUVÉS DANS LA MALLE, LE SAC, ETC.,
D'UN INDIVIDU MORT À BORD, DISPARU, ETC.

---

(34) Original, ou copie faite par nous soussigné.

(35) La malle, le sac, etc.

(36) Décédé à bord le par suite d (*cause de la mort*), ou disparu du bord le (*motif de la disparition*).

(37) *S'il y a lieu,* servant d'enveloppe.

(38) *Si le testateur a fait choix d'un notaire pour le dépôt de son testament, ajouter :*
Il devra être déposé, suivant la volonté du testateur, chez maître , notaire à

(39) *Indiquer la nature de ces papiers.*

(34) d'un testament olographe trouvé ouvert et non cacheté dans (35) de M. (4, 5, 7) , domicilié avant son embarquement, à (8) , arrondissement d , département d (36)
Le présent papier (37) est scellé à sa fermeture avec (30) et par un cachet portant pour empreinte (31) (38)

> 1° S'il s'agit d'un testament olographe.

Le présent papier (37) contient :
  1° (39)
  2° (39)
trouvé ouvert et non cacheté dans (35) M. (4, 5, 7) , domicilié, avant son embarquement, à (8) , arrondissement d département d (36)
Est scellé à sa fermeture avec (30) etc. (*comme ci-dessus*).

> 2° S'il est trouvé des papiers qui, par leur nature ou leur importance, semblent devoir être clos et scellés.

(40) *Prénoms, noms, grades et qualités des personnes qui ont assisté à l'inventaire des effets (modèles 3 et 4).*

(41) *Indiquer exactement l'endroit, parage ou hauteur où se trouve le navire.*
S'il est mouillé ou amarré, indiquer le nom du port, de la rade, etc.
S'il est en mer, indiquer la longitude et la latitude.

et ont signé avec nous
MM. (40)

Est scellé à sa fermeture avec (*désignation de la matière employée*), et, à défaut de cachet, les personnes ci-après nommées, ainsi que nous, avons apposé nos signatures sur ladite fermeture.

> S'il n'existe pas de cachet à bord.

Le présent papier, dont nous nous reconnaissons dépositaire, sera remis fidèlement à terre, par nos soins, aussitôt que faire se pourra.

A bord d
armé à , le (1) du mois d de l'an mil neuf cent (1), étant à (41)

Voir, pour les renvois non *indiqués en marge*, ceux de même numéro des modèles n° 10, Testament par acte public, et n° 11, Acte de suscription.

(N° 13)

ACTE DE SUSCRIPTION

D'UN TESTAMENT OLOGRAPHE *OU* DE PAPIERS CLOS ET
SCELLÉS TROUVÉS DANS LA MALLE, LE SAC, ETC.,
D'UN INDIVIDU MORT À BORD, DISPARU, ETC.

(42) *Décrire la matière, le contenu et l'empreinte du cachet apposé, ou ce qui peut servir à constater l'état dans lequel le paquet a été trouvé.*

Le présent papier (37) a été trouvé clos et scellé (42) dans (35)   de M. (4, 5, 7)   , domicilié, avant son embarquement, à (8)   , arrondissement d   , département d   , (36),

La reconnaissance en a été faite par nous soussigné, en présence de MM. (40)   , qui ont signé avec nous.

Le présent papier, dont nous nous reconnaissons dépositaire, sera remis fidèlement à terre, par nos soins, aussitôt que faire se pourra.

À bord d   , l
armé à   ; le (1) du mois d   de l'an mil
neuf cent (1), étant à (41)

QUATRIÈME SECTION.

ACTES DE PROCURATION, DE CONSENTEMENT

ET D'AUTORISATION

(MODÈLE N° 14 ET FORMULES A À L)

(N° 14)

ACTE

DE PROCURATION, DE CONSENTEMENT À MARIAGE *OU* À
ENGAGEMENT VOLONTAIRE, *OU* D'AUTORISATION MARI-
TALE.

Nota. — Pour la rédaction de ces divers actes, il conviendra
d'employer du papier timbré, ou, à défaut, du papier ordinaire
n'excédant pas o m. 25 en hauteur, et o m. 175 en largeur;
mais, dans ce cas, l'acte devra être ultérieurement présenté au
timbre.

Aucun d'eux, en effet, ne peut être valablement utilisé qu'à la
condition d'être timbré et, de plus, enregistré (art. 4 de la loi
du 8 juin 1893).

---

(1) *En toutes lettres.*

(2) *Endroit, parage ou hauteur où se
trouve le navire; s'il est mouillé (ou
amarré, indiquer le nom du port, de la
rade, etc.*

(3) *Prénoms et nom.*

(4) *Ou (3) Appelé dans l'ordre du
service à remplacer M.*
capitaine du l, *armé à*,
*qui est mort ou (cause de l'empêche-
ment).*

(5) *Ou faisant fonctions de second
dudit navire par suite du décès (ou
autre cause d'empêchement) de M.*

(6) *Fonctions, emploi à bord ou passager à bord.*

(7) *Si l'on est en France, ajouter :*
Ne pouvant par suite (*cause de l'empêchement*) *s'adresser à un notaire.*

(8) *Ou, si le comparant ne sait ou ne
peut signer :*
Et que nous avons signé seul,
M. comparant, ayant déclaré
ne pouvoir signer à cause de ,

(9) *Noms des deux officiers instrumentaires.*

Ce jourd'hui, le (1) du mois d de l'an mil
neuf cent (1) étant à (2) , par-devant nous
(3) , capitaine du
l , armé à , (4) assisté de (3) ,
second dudit navire (5) a comparu (3)
(6) , domicilié, avant son embarquement
à , arrondissement de , département de

Lequel (7)
a, par ces présentes

(Voir, ci-après, les formules à employer, à défaut
de modèle envoyé par le notaire ou la personne à laquelle l'acte est destiné.)

Dont acte, fait à bord, en conformité de la loi du huit
juin mil huit cent quatre-vingt treize, les jour, mois et an
que dessus, et que le comparant a signé avec nous, après
lecture (8)

Vu pour légalisation des signatures de MM. (9)
et (9)

le 19

L'Administrateur de l'Inscription maritime,

Nota. — Les règles de forme prescrites pour la rédaction des
testaments par acte public (interdiction des surcharges, approbation des renvois ou ratures...) sont applicables aux actes de procuration, de consentement ou d'autorisation. (Voir le nota en tête
du modèle n° 10.)

FORMULE A.

PROCURATION GÉNÉRALE.

. . . .

A, par ces présentes, constitué pour son mandataire général et spécial, M... (*nom, prénoms, profession et domicile du mandataire*) auquel il donne pouvoir de, pour lui et en son nom :

1. — Régir, gérer et administrer, tant activement que passivement, tous les biens et affaires présents et à venir du constituant, soit qu'ils lui appartiennent dès à présent en son nom, soit qu'ils dépendent de successions où il peut et pourra être intéressé, soit qu'ils lui proviennent de toute autre manière, sans aucune exception. *Pouvoirs généraux d'administration.*

2. — En conséquence, louer et affermer par telle forme, à telles personnes, pour le temps et aux prix, charges et conditions que le mandataire jugera convenables, tout ou partie des biens meubles et immeubles qui appartiennent et appartiendront par la suite au constituant ou dans lesquels il pourrait avoir une copropriété ; passer, prolonger, renouveler et accepter tous baux ; les résilier, même ceux existants, avec ou sans indemnité ; donner et accepter tous congés : faire dresser et reconnaître tous états de lieux ; faire toutes cessions de baux et sous-locations. Faire faire toutes réparations et reconstructions ; arrêter tous devis et marchés ; régler tous mémoires d'ouvriers ou entrepreneurs ; exiger des locataires et fermiers les réparations à leur charge. Faire assurer contre l'incendie et autres risques tous biens meubles et immeubles ; signer à cet effet toutes polices d'assurances ; contracter tous engagements à cet égard. Procéder à tous bornages et arpentages ; fixer et marquer toutes limites ; s'opposer à tous empiètements et usurpations. Former toutes demandes en dégrèvement d'impôts et contributions ; présenter, à cet effet, tous mémoires et pétitions. *Location, réparation, assurance des biens meubles et immeubles ; arpentages, bornages, demandes en dégrèvement d'impôts.*

3. — Prendre à loyer, par bail ou autrement, tous appartements, pour le temps et aux prix, charges et conditions que le mandataire jugera convenables. *Location d'appartements.*

4. — Passer avec toutes personnes ou avec toutes sociétés et administrations tous traités et marchés, soit pour l'entretien et la réparation des biens meubles et immeubles du constituant, soit pour leur éclairage, soit pour tout autre objet ; prendre toutes obligations à cet égard. *Passation de marchés avec des particuliers ou des sociétés.*

5. — Vendre toutes coupes de bois et même toutes coupes extraordinaires, soit de taillis, soit de futaies, ainsi que toutes récoltes et produits ordinaires des terres et fermes appartenant au constituant ; faire ces ventes à *Vente des coupes de bois, récoltes et autres produits.*

l'amiable ou aux enchères et aux prix, charges et conditions qu'il plaira au mandataire; faire dresser tous cahiers des charges; fixer les époques de payement des prix, les toucher soit comptant, soit aux époques convenues.

Vente des meubles ou immeubles. 6. — Vendre en bloc ou en détail, à l'amiable ou par adjudication ou licitation en justice, par telle forme, et aux prix, charges, clauses et conditions que le mandataire jugera convenables, tout ou partie des biens meubles et immeubles qui peuvent ou pourront appartenir au constituant en pleine propriété, nue propriété ou usufruit, soit seul, soit avec tous autres; faire dresser tous cahiers des charges s'il y a lieu; former tous lots; établir toutes origines de propriété; faire toutes déclarations; s'obliger et obliger le constituant, solidairement entre eux, à toutes garanties et au rapport de toutes justifications et mainlevées; fixer toutes époques d'entrée en jouissance; déterminer les lieux, modes et époques du payement des prix; faire toutes délégations et indications de payement.

Vente des rentes sur l'État et autres valeurs mobilières. 7. — Vendre, céder et transférer tout ou partie des rentes sur l'État, actions et obligations de chemins de fer, actions de la Banque de France, bons du Trésor et généralement toutes actions, obligations et valeurs industrielles quelconques, de quelque nature et sous quelque dénomination que ce soit, qui peuvent appartenir au constituant ou qui pourront lui appartenir par la suite en pleine propriété ou autrement, soit directement et en son nom personnel, soit comme héritier, légataire ou à tout autre titre; faire lesdits transferts, cessions et ventes aux cours de la Bourse que le mandataire jugera convenables, pour celles des valeurs qui sont cotées régulièrement, ou pour celles qui n'ont point de cours reconnus, dans telles formes et aux prix, charges et conditions qu'il plaira au mandataire de fixer; commettre tous agents de change, courtiers et autres; dresser tous procès-verbaux d'adjudication; émarger tous registres et feuilles de payement.

Conversion des valeurs au porteur en nominative et inversement. 8. — Demander et opérer la conversion ou transformation de tous titres d'actions, obligations et autres valeurs nominatives en titres au porteur, ou de tous titres au porteur en nominatifs.

Dépôts en banque, avances et autres opérations sur titres. 9. — Faire le dépôt à toutes banques ou caisses publiques ou particulières de toutes sommes, valeurs et titres de quelque nature qu'ils soient; toucher toutes avances sur dépôts d'effets publics, sur actions et valeurs quelconques; consentir à cet effet tous engagements envers la Banque de France, conformément au vœu de la loi du 17 mai 1834, de l'ordonnance du 16 juin suivant et des décrets des 3 et 28 mars 1852 sur ces diverses opérations; retirer toutes valeurs déposées en garantie de toutes avances; recevoir tous dividendes ou arrérages échus ou à échoir sur lesdites valeurs; les transférer et les aliéner, si le mandataire le juge à propos; opérer le retrait de toutes sommes, valeurs et titres dès à présent déposés ou qui le seraient plus tard; donner toutes décharges y relatives.

10. — Faire, avec ou sans garantie, tous transports et cessions de créances, prix de ventes et valeurs ou droits quelconques, présents et à venir, aux prix et conditions qu'il plaira au mandataire; faire toutes significations de transports; consentir toutes prorogations.

11 [1]. — Continuer et faire toutes les opérations de commerce du constituant; acheter et vendre toutes marchandises; se charger de toutes commissions et fournitures; passer tous marchés, les exécuter; fournir, viser et accepter toutes traites, lettres de change, billets à ordre, mandats et chèques sur tous particuliers, négociants et caisses; signer tous endossements, acceptations et avals, tous transferts, registres et émargements, tous comptes et bordereaux; faire tous protêts, dénonciations, comptes de retour; signer tous mandats sur la Banque de France et sur tous banquiers et autres; signer la correspondance.

12. — Entendre, débattre, clore et arrêter tous comptes avec tous créanciers, débiteurs, banquiers, dépositaires, comptables et tiers quelconques, en fixer les reliquats actifs ou passifs.

13. — Toucher et recevoir tous loyers, fermages, intérêts, arrérages, dividendes, répartitions ou revenus, sous quelque dénomination que ce soit, tous reliquats de compte, mandats, effets, billets, chèques, montant de créances ou obligations, prix de vente, cessions, transports ou transferts, soultes d'échange, et généralement toutes sommes en principal, intérêts, frais et tous autres accessoires qui peuvent et pourront être dus au constituant, à tel titre, pour telle cause et sous quelque dénomination que ce soit.

14. — Faire tous emplois de fonds, soit en placement sur particuliers, avec ou sans garantie, par voie d'obligation, transport ou autrement, soit en acquisition de rentes sur l'État, actions de la Banque de France, actions ou obligations de chemins de fer ou autres, soit en acquisition d'immeubles; concourir à toutes souscriptions; faire toutes soumissions y relatives; accepter tous transports; faire et accepter tous changements d'hypothèque et autres droits en garantie.

15. — Faire tous emprunts de sommes ou valeurs, soit du Crédit foncier de France, soit de toutes autres Sociétés ou de tous particuliers, ou se faire ouvrir tous crédits pour les sommes, aux conditions et aux taux d'intérêt que le mandataire jugera à propos; s'obliger et obliger le constituant, solidairement entre eux, au remboursement des sommes prêtées et au payement des intérêts aux époques et de la manière convenues; garantir ces rembourse-

---

[1] Ce paragraphe est inutile toutes les fois que le constituant n'est pas commerçant.

ment et payement par des remises en gage à titre de nantissement d'objets mobiliers, de créances, rentes sur l'État, actions et obligations de chemins de fer ou autres, et généralement toutes valeurs publiques, industrielles ou de finances, nominatives ou au porteur, qui appartiennent ou appartiendront au constituant, ou par une affectation hypothécaire sur tout ou partie des immeubles qui lui appartiennent ou lui appartiendront; établir la propriété des immeubles hypothéqués, faire toutes déclarations hypothécaires, d'état civil, d'emplois de deniers, de réserve, de priorité ou de concurrence et autres; faire toutes déclarations d'assurance contre l'incendie des immeubles hypothéqués ou des objets mobiliers remis en gage; consentir au profit des prêteurs toutes délégations des indemnités qui seraient allouées en cas de sinistre. Faire la remise des titres des créances et valeurs, ainsi que des objets mobiliers donnés en gage et nantissement.

Titres nouvels. 16. — Passer ou accepter tous titres nouvels.

Achat ou échange des meubles et immeubles. 17. — Acquérir tous biens meubles et immeubles, aux prix et conditions que le mandataire jugera convenables; accepter toutes déclarations de command; faire tous échanges avec ou sans soulte; s'obliger et obliger le constituant, solidairement entre eux, au payement de tous prix d'acquisitions et soultes; faire remplir toutes formalités de transcription de purge légale et autres; faire toutes dénonciations et notifications.

Payement des dettes. 18. — Payer et acquitter tous reliquats de compte, prix de travaux, factures, mémoires, legs, droits de mutation, frais et charges quelconques, prix de transports, cessions, transferts et acquisitions, montant de souscriptions et généralement toutes sommes en principal, intérêts, frais et tous accessoires que le constituant peut ou pourra devoir, à quelque titre et pour quelque cause que ce soit.

Acceptation des cessions de créances et droit sur le constituant. 19. — Intervenir dans tous actes de transports, délégations et nantissements de créances et autres droit sur le constituant; les accepter et les tenir pour signifiés; faire toutes déclarations; accepter toutes prorogations, en fixer les conditions et s'obliger à leur exécution.

Acceptation pure et simple ou sous bénéfice d'inventaire, ou répudiation des successions. 20. — Recueillir toutes successions qui seraient ouvertes ou qui viendraient à s'ouvrir par la suite en tout ou en partie, au profit du constituant; faire procéder à toutes oppositions ou levées de scellés avec ou sans description, ainsi qu'à tous inventaires, ou en dispenser; prendre qualité, soit purement et simplement, soit sous bénéfice d'inventaire ou renoncer; faire à cet effet toutes déclarations nécessaires; prendre connaissance de tous testaments et codicilles, en consentir ou en contester l'exécution; faire et accepter la délivrance de tous legs ou y renoncer; faire, soit avant, soit après partage, la cession des droits qui peuvent ou pourront appartenir au constituant dans lesdites successions, au profit d'un ou de plusieurs de ses cohéritiers ou au profit de tous autres; faire toutes déclarations de succession.

21. — Procéder, soit à l'amiable, soit en justice, à tous comptes, liqui- *Liquidations, par-*
dations et partages des biens et valeurs dans lesquels le comparant peut et *tages.*
pourra avoir des droits en pleine propriété, en nue propriété ou en usufruit,
qu'ils proviennent de successions ou de legs ou de toute autre origine : établir
les masses ; faire et exiger tous rapports, exercer et consentir tous prélèvements ; former les lots, les choisir à l'amiable ou les tirer au sort ; faire et
accepter tous abandonnements ; fixer toutes soultes, les recevoir ou payer ;
laisser tous objets en commun ; conférer et accepter tous pouvoirs pour leur
réalisation ou administration ; faire relativement aux biens et valeurs dépendant desdites successions ou legs, avec tous cohéritiers ou tiers quelconques,
tous traités, même à forfait, transactions et arrangements.

22. — User, à l'égard des biens et valeurs provenant de ces successions *Aliénation des*
et legs, de tous les pouvoirs d'aliénation et autres, sans exception ni réserve, *biens provenant de*
qui sont contenus aux présentes. *successions.*

23. — En cas de faillite de quelque débiteur, prendre part à toutes assem- *Mesures à prendre*
blées et délibérations de créanciers ; nommer tous syndics et agents, signer *en cas de faillite*
tous concordats et contrats d'union, s'y opposer ; produire tous titres et *d'un débiteur.*
pièces ; affirmer la sincérité des créances du constituant ; contester celles des
autres créanciers ; faire toutes remises ; recevoir tous dividendes ; se faire
donner toutes garanties, les accepter ; accorder toutes prorogations.

24. — Assister à toutes assemblées et réunions d'actionnaires ou de *Représentation du*
membres des sociétés dans lesquelles le constituant serait intéressé ; prendre *constituant dans les*
part à toutes délibérations ; prendre tous arrangements ; faire tous échanges *sociétés où il serait*
de titres et valeurs ; concourir à la constitution et à la formation de toutes *actionnaire ou inté-*
sociétés nouvelles, et à la nomination de tous administrateurs et liqui- *ressé.*
dateurs.

25. — Retirer de la poste aux lettres ou de tous roulages, messageries et *Réception des let-*
chemins de fer, ou recevoir à domicile les lettres, caisses, paquets et colis, *tres, colis, valeurs*
chargés ou non chargés, et ceux renfermant des valeurs déclarées à l'adresse *ou dépôts.*
du constituant ; se faire remettre tous dépôts ; toucher de tous bureaux de
direction ou de distribution tous mandats de poste au nom dudit.

26. — Représenter le constituant à toutes assemblées et délibérations de *Représentation du*
parents et amis, pour nominations de tuteurs, subrogés-tuteurs et cura- *constituant dans les*
teurs à des mineurs ou interdits ; donner ou refuser toutes autorisations *conseils de famille.*
demandées.

27. — A défaut de payement, et en cas de difficultés quelconques, pa- *Représentation du*
raître, tant en demandant qu'en défendant, devant tous juges et tribunaux *constituant dans les*
compétents ; exercer toutes actions résolutoires et autres ; se concilier, traiter, *affaires judiciaires*
transiger en tout état de cause, nommer tous arbitres et tiers arbitres ; s'en *ou administratives,*
rapporter à leurs décisions ou les contester, faire toutes remises totales ou *comme demandeur,*
ou défendeur.

partielles de droits et créances ; obtenir toutes décisions judiciaires ou administratives, les faire exécuter par toutes les voies et moyens de droit ; renoncer à tous appels et pourvois en cassation ; se désister de tous appels et pourvois ; acquiescer à toutes demandes, à tous jugements et arrêts ; constituer tous avoués et avocats, les révoquer, en constituer d'autres ; intervenir dans toutes instances ; prendre toutes inscriptions ; former toutes oppositions ; procéder à toutes saisies mobilières et immobilières, donner tous pouvoirs spéciaux à ce sujet ; convertir toutes saisies immobilières en ventes sur publication volontaires ; provoquer tous ordres et distributions, y produire ; prendre part à toutes assemblées de créanciers ; affirmer toutes créances ; obtenir tous bordereaux de collocation, en toucher le montant.

Quittances, décharges, mainlevées, etc.

28. — De toutes sommes reçues ou payées, donner ou retirer bonnes et valables quittances et décharges ; consentir toutes mentions et subrogations, avec ou sans garantie ; se désister, avec ou sans payement, de tous droits, actions, privilèges et hypothèques ; donner également, avec ou sans constatation de payement, mainlevée de toutes inscriptions, saisies, oppositions et autres empêchements quelconques ; consentir à toutes antériorités, toutes restrictions et limitations de privilège et d'hypothèque ; faire et accepter toutes offres ; opérer le retrait de toutes sommes consignées ; remettre ou se faire remettre tous titres et pièces ; en donner ou retirer décharge.

Droit de se substituer une ou plusieurs personnes dans tout ou partie des pouvoirs ci-dessus énumérés.

29. — Aux effets ci-dessus, passer et signer tous actes ; élire domicile, donner tous pouvoirs ; substituer une ou plusieurs personnes dans tout ou partie des présents pouvoirs, avec faculté pour lesdits mandataires substitués de faire eux-mêmes toutes substitutions, révoquer tous mandats et substitutions, et généralement faire tout ce que le mandataire jugera utile et nécessaire.

Dont acte, etc.

FORMULE B.

PROCURATION POUR GÉRER ET ADMINISTRER.

. . . .

A, par ces présentes, constitué pour son mandataire M.   ,
auquel il donne pouvoir de, pour lui et en son nom : gérer et administrer, tant activement que passivement, tous les biens et affaires présents et à venir du constituant.

En conséquence, louer et affermer, etc. (Voir formule A, §§ 2°, 4°, 7°, 8°, 9°, 10°, 12°, 13°, 14°, 18°, 23°, 24°, 25°, 26°, 27°, 28° et 29°.)

Dont acte, etc.

FORMULE C.

PROCURATION POUR GÉRER UNE MAISON DE COMMERCE.

. . . .

A, par ces présentes, constitué pour son mandataire M.   ,
auquel il donne pouvoir de, pour lui et en son nom : gérer et administrer,
tant activement que passivement, toutes les affaires de la maison de commerce du constituant.

En conséquence, toucher et recevoir toutes les sommes qui sont et pourront être dues au constituant pour fournitures et toutes autres causes se rat-
tachant à son commerce ou industrie.

Payer les sommes que le constituant peut et pourra devoir. Entendre,
débattre, clore et arrêter tous comptes, en fixer les reliquats, les recevoir ou
payer.

Faire les opérations de commerce du constituant : acheter et vendre toutes
marchandises ; se charger de toutes commissions et fournitures ; passer tous
marchés et engagements, les exécuter ; tirer toutes traites et lettres de change
sur les débiteurs de la maison de commerce du constituant, les endosser,
ainsi que tous effets et valeurs qui auraient été passés à l'ordre du constituant ou souscrits à son profit ; présenter tous bordereaux à l'escompte, en
toucher le montant ; arrêter tous comptes courants et autres ; faire tous
protêts, dénonciations, comptes de retour ; signer la correspondance.

De toutes les sommes reçues ou payées, etc. (Voir form. A, § 28.)
Retirer de la poste aux lettres, etc. (Voir form. A, § 25.)
En cas de faillite de quelque débiteur, etc. (Voir form. A, § 23.)
A défaut de payement, etc. (Voir form. A, § 27.)
Aux effets ci-dessus, etc. (Voir form. A, § 29.)

Dont acte, etc.

FORMULE D.

PROCURATION POUR RECUEILLIR UNE SUCCESSION, L'ACCEPTER
SOUS BÉNÉFICE D'INVENTAIRE OU LA RÉPUDIER.

. . . .

A, par ces présentes, constitué pour son mandataire M.
auquel il donne pouvoir de, pour lui et en son nom, recueillir la succession
de (*nom du défunt*). En conséquence, requérir toutes appositions de scellés
ou s'y opposer ; en demander la levée avec ou sans description ; faire procéder à l'inventaire des biens dépendant de ladite succession ; dans le cours de

ces opérations, faire tous dires, réquisitions, déclarations, protestations et réserves; introduire tous référés ou y défendre; demander toutes autorisations, y consentir; nommer tous administrateurs ou s'opposer à leur nomination; choisir tous gardiens et dépositaires.

Prendre connaissance des forces et charges de cette succession, ainsi que des titres et papiers qui seront inventoriés; l'accepter purement et simplement ou sous bénéfice d'inventaire, ou même y renoncer; faire à cet effet toutes déclarations nécessaires au greffe du tribunal qu'il appartiendra.

Consentir ou contester l'exécution de tous testaments, codicilles et autres actes de libéralité; faire et accepter la délivrance de tous legs; demander ou consentir toutes réductions.

Faire procéder, avec ou sans attribution de qualité, à la vente des objets mobiliers, meubles meublants, dépendant de ladite succession; exercer tout retrait ou prélèvement d'objet en nature; procéder à leur partage ou à leur attribution, s'il y a lieu; choisir l'officier public qui sera chargé de la vente; recevoir et régler son compte, en toucher le reliquat; acquérir tous objets et effets à cette vente pour le constituant, en payer le prix ou le prendre en compte sur ses droits dans la masse des valeurs à partager.

Payer tous droits de mutation; faire toutes déclarations; former toutes demandes en obtention de délai pour le payement de ces droits; fournir toutes justifications.

Régir et administrer, tant activement que passivement, les biens et valeurs dépendant de ladite succession.

Toucher et recevoir tous loyers, fermages, intérêts, arrérages, dividendes, répartitions ou revenus, sous quelque dénomination que ce soit, échus ou à échoir, tous mandats, effets, billets, montant de créances ou obligations, et généralement toutes sommes en principal, intérêts, frais et tous accessoires qui peuvent et pourront être dus à ladite succession, à tel titre, pour telle cause et sous quelque dénomination que ce soit.

Payer et acquitter toutes sommes en principal, intérêts, arrérages et autres revenus échus et à échoir et tous accessoires qui peuvent et pourront être dus par ladite succession, aussi à tel titre, pour telle cause et sous quelque dénomination que ce soit.

Entendre, débattre, clore et arrêter tous comptes avec tous créanciers, débiteurs, banquiers, dépositaires, comptables et tiers quelconques, en fixer les reliquats actifs ou passifs, les recevoir ou payer.

Vendre toutes récoltes et tous produits, ainsi que toutes coupes de bois; en toucher les prix.

Faire toutes répartitions, arrêter toutes conventions y relatives; solder le montant de tous mémoires d'ouvriers et entrepreneurs.

Consentir ou provoquer la vente, soit à l'amiable, par telle forme et moyennant les prix que le mandataire jugera convenables, soit par licitation, de tout ou partie des biens immeubles dépendant de ladite succession; acquérir pour le constituant tout ou partie de ces biens.

Procéder à l'amiable ou en justice à tous comptes, liquidations et partage des biens dépendant de la succession; nommer ou faire nommer tous experts pour les évaluations; composer les masses, faire et exiger tous rapports, exercer et consentir tous prélèvements; former les lots, les tirer au sort ou les attribuer à l'amiable, accepter celui qui écherra ou sera attribué au constituant; stipuler toutes soultes, les recevoir ou payer; faire et accepter tous abonnements, laisser tous objets en commun, donner ou accepter tous pouvoirs pour les administrer ou en poursuivre le recouvrement; requérir tous certificats de propriétés.

Vendre, céder et transférer, soit avant, soit après partage, toutes inscriptions de rentes sur l'État français ainsi que toutes actions, obligations et autres valeurs industrielles dépendant de ladite succession, et qui seraient indivises avec les cointéressés du constituant, ou qui appartiendraient à lui seul par suite des opérations de liquidation et partage; commettre à cet effet tous agents de change; signer tous transferts, en recevoir le prix.

Faire tous transports, cessions de créances et droits quelconques dépendant de ladite succession, indivis avec les cointéressés du constituant ou appartenant à lui seul par suite du partage; recevoir les prix des cessions et transports.

En cas de difficultés quelconques ou à défaut de payement de la part de qui que ce soit, exercer toutes poursuites, contraintes et diligences nécessaires; citer et comparaître, tant en demandant qu'en défendant, devant tous juges et tribunaux de paix; se concilier, sinon se présenter devant tous tribunaux et cours compétents; obtenir tous jugements et arrêts, les faire lever, signifier et exécuter par tous moyens et voies de droit; faire toutes saisies mobilières et immobilières; procéder à tous ordres et distributions; en tout état de cause, traiter, transiger, compromettre.

Toucher toutes sommes qui pourraient être dues au constituant par suite des opérations de liquidation et partage, ou de tous traités, transactions, compromis; payer celles qu'il pourra devoir.

De toutes sommes reçues ou payées, etc. (Voir form. A, § 28.)

Aux effets ci-dessus, etc. (Voir form. A, § 29.)

Dont acte, etc.

FORMULE E.

PROCURATION POUR EMPRUNTER.

. . . .

A, par ces présentes, constitué pour son mandataire M.
auquel il donne pouvoir de, pour lui et en son nom, emprunter jusqu'à concurrence d'une somme principale de   (*en toutes lettres*), en une ou plusieurs parties, d'une ou de plusieurs personnes, pour le temps et aux conditions que le mandataire jugera convenables; stipuler tous intérêts; obliger le constituant au remboursement du capital et au payement des intérêts, le tout aux époques et de la manière dont le mandataire conviendra.

Affecter et hypothéquer à la garantie desdits emprunts une maison située à   , et appartenant au constituant; pour plus de garantie, céder et déléguer aux prêteurs les indemnités qui seraient allouées par toutes compagnies d'assurances en cas d'incendie de la maison hypothéquée, par priorité et préférence au constituant jusqu'à concurrence des sommes empruntées avec tous intérêts et accessoires; faire la remise de toutes polices d'assurance; stipuler toutes concurrences ou priorités entre les différents prêteurs, ainsi que le mandataire le jugera à propos.

Faire toutes déclarations d'état civil et de situation hypothécaire; notamment déclarer : 1° que le constituant n'a jamais contracté mariage (*si, au contraire, il est marié, indiquer la date du mariage, le régime matrimonial des époux, la date de leur contrat de mariage et le nom du notaire qui l'a reçu; s'il n'a pas été fait de contrat, le dire*); 2° qu'il n'est et n'a jamais été tuteur de mineur ou d'interdit, ni comptable de deniers publics (*ou* qu'il est actuellement tuteur de   ); 3° que la maison hypothéquée est d'une valeur vénale de   au moins, et qu'elle n'est grevée d'aucun privilège et d'aucune hypothèque (*ou* qu'elle n'est grevée d'aucun privilège ni d'aucune autre hypothèque) que celles garantissant les sommes ci-après :

    francs dus à   , en vertu d'une obligation passée devant M°   , notaire à   , le   ,
    francs dus à   , etc.)

> Si un immeuble est affecté à la garantie de l'emprunt.

Affecter à titre de gage et nantissement à la garantie desdits emprunts (*nombre, désignation exacte, numéro du ou des titres*); faire la remise de ce titre (*ou* de ces titres), en requérir et faire opérer le transfert au nom des prêteurs, comme créanciers nantis; constituer tous dépositaires de la valeur remise en gage.

> Si une valeur mobilière (titre de rente, action, obligation) est affectée à la garantie de l'emprunt.

A l'effet de tout ce que dessus, passer et signer tous titres, élire domicile, substituer et généralement faire le nécessaire.

Dont acte, etc.

FORMULE F.

PROCURATION POUR ACQUÉRIR UN IMMEUBLE.

. . . .

A, par ces présentes, constitué pour son mandataire M.   , auquel il donne pouvoir de, pour lui et en son nom : acquérir de M.   , soit par adjudication, soit à l'amiable, moyennant le prix et aux charges et conditions que le mandataire avisera (*désigner exactement le ou les biens à acquérir*); porter toutes enchères ou les faire porter par un mandataire; payer le prix comptant ou obliger le constituant à le payer, avec tous intérêts, aux époques et de la manière qui seront convenues; obliger aussi le constituant à l'exécution de toutes les charges qui seront stipulées; exiger toutes justifications, se faire remettre tous titres et pièces, en donner décharge; signer tous contrats de vente et procès-verbaux d'adjudication; accepter toutes déclarations de command.

Faire faire toutes transcriptions, purges, dénonciations, notifications et offres de payement; provoquer tous ordres, y produire; payer le prix d'acquisition avec tous accessoires, soit aux vendeurs, soit aux créanciers délégataires ou colloqués; faire toutes consignations; former toutes demandes en mainlevée; exercer toutes actions en garantie ou autres; constituer avoués; élire domicile, substituer, et généralement faire le nécessaire.

Dont acte, etc,

FORMULE G.

PROCURATION POUR VENDRE UN IMMEUBLE.

. . . .

A, par ces présentes, constitué pour son mandataire M.   , auquel il donne pouvoir de, pour lui et en son nom, vendre à l'amiable ou aux enchères, en un seul ou plusieurs lots, aux personnes et aux prix, charges et conditions que le mandataire jugera convenables (*désigner exactement le ou les biens à vendre*) dont le constituant est propriétaire.

Fixer les époques d'entrée en jouissance; convenir du mode et des époques de payement des prix, les toucher soit comptant, soit aux époques convenues ou par anticipation, ainsi que tous intérêts et accessoires; consentir toutes prorogations de délai; faire transport et cession, avec ou sans garantie, de tout ou partie des prix de vente; toucher les prix des transports.

Déléguer tout ou partie des prix de vente aux créanciers inscrits sur les immeubles; prendre tous arrangements avec les créanciers; obliger le constituant à tout dégrèvement; régler et arrêter tous comptes; accepter toutes prorogations de délai, stipuler toutes conditions.

Accepter des ajudicataires ou de tous autres toutes garanties mobilières et immobilières qui seraient données, pour assurer le payement de leurs prix, et le transport de toutes indemnités en cas d'incendie.

Obliger le constituant à toute garantie et au rapport de toutes justifications, mainlevées et certificats de radiation.

De toutes sommes reçues, donner quittance; consentir mentions et subrogations totales ou partielles, avec ou sans garantie; consentir toutes limitations de privilège et toutes antériorités au profit de tous créanciers; faire mainlevée avec désistement de privilège et action résolutoire et consentir la radiation partielle ou définitive de toutes inscriptions d'office ou autres, le tout avec ou sans payement.

A défaut de payement et en cas de contestations quelconques, etc. (Voir formule A, § 27.)

Dont acte, etc.

FORMULE H.

PROCURATION POUR ASSISTER À UN CONSEIL DE FAMILLE.

. . . .

A, par ces présentes, constitué pour son mandataire M.   , à l'effet de représenter le constituant à toutes les réunions du conseil de famille de (*prénoms du mineur*), enfant mineur de M.   (*nom et prénoms*) [1] et de Mme   (*nom et prénoms*) [1], son épouse, et (*degré de parenté*) du comparant; prendre part à toutes délibérations et à tous votes; nommer pour tuteur et subrogé-tuteur telle personne qu'il plaira au mandataire; régler tout mode de gestion; donner ou refuser toutes autorisations; signer tous procès-verbaux, et généralement faire le nécessaire.

Dont acte, etc.

FORMULE I.

CONSENTEMENT À MARIAGE.

. . . .

A, par ces présentes, déclaré consentir au mariage que son fils (*ou sa fille*) [*prénoms, nom, profession, domicile du futur ou de la future*] se propose de contracter avec (*prénoms, nom, profession, domicile de l'autre futur*).

En conséquence, il autorise tous officiers de l'état civil à procéder au mariage sur la seule représentation du présent consentement.

Dont acte, etc.

FORMULE J.

CONSENTEMENT À ENGAGEMENT VOLONTAIRE.

. . . .

A, par ces présentes, déclaré consentir à ce que (*nom, prénoms*), son fils mineur (*ou son pupille*), contracte un engagement volontaire dans les armées françaises pour le temps prescrit par la loi.

---

[1] Si la personne est décédée, l'indiquer.

Il l'autorise en conséquence à signer, à cet effet, tous actes, registres et procès-verbaux.

Dont acte, etc.

FORMULE K.

ACTE D'AUTORISATION MARITALE.

. . . .

A, par ces présentes, déclaré autoriser spécialement Mme   (*prénoms, nom*), son épouse, à l'effet de :

Vendre, etc. (*Voir pour le surplus les formules de procuration.*)

Dont acte, etc.

FORMULE L.

AUTORISATION À LA FEMME DE FAIRE LE COMMERCE.

. . . .

A, par ces présentes, déclaré autoriser spécialement Mme   (*prénoms, nom*), son épouse, à l'effet d'exercer personnellement la profession de marchande de   , à   ; faire en conséquence, sans l'assistance de son mari, et comme seule intéressée, toutes opérations commerciales et tous actes permis à la marchande publique, relativement à cette profession.

Dont acte, etc.